由於人對上帝的沉默，
並非基於犯罪墜落後的結果，
卻是出自受造物與創造主
本然有的鴻溝差異，
故即使蒙基督所救贖的使徒，
仍不可能突破作為人的限制、
上接天啟、
直接窺探上帝的旨意。

——梁家麟

信念再思叢書

梁家麟書系

無言上帝的僕人

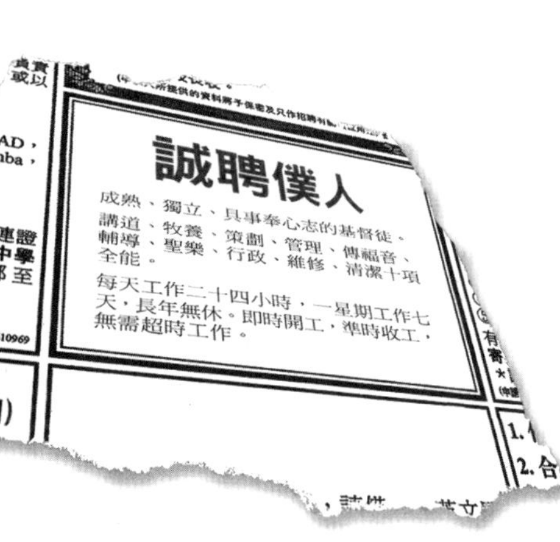

誠聘僕人

成熟、獨立、具事奉心志的基督徒。講道、牧養、策劃、管理、傳福音、輔導、聖樂、行政、維修、清潔十項全能。

每天工作二十四小時，一星期工作七天，長年無休。即時開工，準時收工，無需超時工作。

基道出版社

▼

信念再思叢書 • 梁家麟書系

無言上帝的僕人

A Servant of the Hidden God

作者
梁家麟 Leung, Ka-lun

責任編輯
郭玉玲

裝幀設計
小貓、莫可雅

■

出版 / 發行
基道出版社
香港沙田火炭坳背灣街 26 號富騰工業中心 1011 室
LOGOS PUBLISHERS
Unit 1011, Fo Tan Ind. Centre, 26 Au Pui Wan St., Shatin, Hong Kong
電話：(852) 2687-0331　傳真：(852) 2687-0281
網址：http://www.logos.com.hk

承印
陽光印刷製本廠

●

12/1993 初版　5/1995 二版
Cat. No. LP317-2A
ISBN-10: 952-457-062-0
ISBN-13: 978-962-457-062-5

刷次	11	10	9	8	7	6	5	4
年份	2022	2021	2020	2019	2018	2017	2016	2015

目錄

寫在系列前面

就憑空問我要寫甚麼？有甚麼該寫而又非寫不可？我說不上來。但每次安坐在凌亂至無一寸淨土的書桌前，心靈便有安頓踏實的感覺。我喜歡用筆在捧讀的書本上畫線打圈，在廢紙背面塗鴉整理思緒，也用文字表達自己的思想感情。心隨筆至，適意自在。上帝大概是公平的，祂給我一張結巴巴的嘴，說話繞圈半天仍不著邊際，但又供應我一枝尚可抒情寫意的原子筆。

我愛讀書與寫字。一天倘若花上全部時間在教學及行政之上，那怕做的是再轟烈的事，也教我有不務正業、不學無術的失落感。前人說一日不讀書便面目可憎，我深切共鳴之。故此，不明白的人會奇怪我如何在一切正務庶務聖事俗事之上，尚有餘力讀書寫字，是否眞箇刻苦自勵、好學不倦。知我者便了解：我只是在書桌前才尋回自己，而我正在努力尋回自己吧。

我非常慶幸活在一個不乏思想沖激、也不乏話題的時代裏，更慶幸自己關注的東西在同時代的人中間找到共通的對話處。我喜歡在自說自話之餘假裝與「某些人」對話，喜歡你們就是「某些人」。是你們的存在及回應，教我肯定所做的微不足道的小技細作，仍算參與在這個時代中，仍算償報上帝的恩情。

早在一九九一年《另一種信仰?》出版前，便與基道出版社談過有關出版獨立系列的構想。但那時仍未能承諾每年出版兩本書，也未知市場對這個構想的接受程度，故決定暫緩一陣，待時機成熟才予落實。及至《憑誰意行？》出版後，得到相當不錯的反應，才敢將這個系列獻呈出來。

這個系列是給我做思想整理的小園子。我認定任何神學研究均是爲教會服務的。是教會賦予神學研究的資格，決定甚麼是該研究的話題，限制研究的幅度與向度，並且也最終審定一切研究成果是否合法、是否被認受。我希望自己的思想整理亦遵循以上的限定，即在教會裏、爲教會服務，也接受教會審定。我會將自己的思考及參照的理論用較淺白的文字闡述出來，除去被大堆神學詞彙及冗贅的陳述模式層層裹住的神祕外衣，使原來並不複雜的神學思想能夠爲一般信徒所理解及欣賞，並且兌現在教會生活上。爲此，每本書都各自爲獨立單元，並盡可能在十萬字以下。它們之間未必有鮮明的關聯，但總有其內在的承上啟下的脈絡與線索。畢竟你不能期望我每年都來一個大變身。

在此我要多謝基道出版社蔡桂球先生、張小鳴先生及一衆編美同工在各方面的配合，沒有他們在明處暗處的承擔，這個小園地就無法營建出來。建道神學院提供給我讀書寫字的空間，許多至愛友人的提點激勵，也是我心深銘謝的。

一九九三年二月二十二日

小序

這本近似讀書札記過於神學論述的書，收錄了我從九二年五月到九三年三月期間，對上帝在個人及歷史的計劃此課題的閱讀和思考。當然，有些書本的閱讀和問題的思索是在更早之前便已做了，如今只是將它們整理和排列在一起，好爲自己理順出一個較具雛型的思想進路。

我要處理的仍是有關上帝旨意的問題。但與前書《憑誰意行？》（香港：基道出版社，1992）略有不同的是，本書不再討論個人在面對各樣抉擇時，如何尋索出合乎上帝心意的決定，卻進一步討論是否能在已發生的事件中，觀照出上帝的旨意和計劃；換言之，問題的關懷乃從尚未發生的事進至已發生的事，及由搜索各樣上帝「啓示」的蛛絲馬迹，到爲既成現實的事件作神學詮釋。並且，我也將問題的幅度由個人層面伸展到人類歷史的範圍去，探討是否可以在歷史紛紜的現象裏整合出一個上帝的特殊計劃。因著討論的需要，有些本身便已是複雜自足的神學課題，諸如苦罪問題等也曾被波及，但那些牽連的問題由於不是本書的重點，故無法充分地闡釋，這是需要讀者見諒的。

作爲一本讀書札記型的小書，它忠實地反映到我的思想的折騰激盪，讀者將可在其中發現「小題大做」與「大題小做」的同時存在。所謂「小題大做」，是指一個極小的話題，爲了能較清晰地定義及說明它，竟然磨磨蹭蹭地用上千言萬語來作申論，結果使其變得更爲複雜隱晦；而「大題小做」，則是指爲了迴避使話題牽連過廣，開枝散葉至不可收拾的地步，故有些相關的複雜問題只能輕輕帶過，留待日後再行補論。我期望讀者在閱讀正文之餘，能夠兼讀各章的附註，那裏既詳盡地記述了我某些想法的正反推證，又爲另一些無法詳述的課題提供了若干入門的參考書目建議，藉此略補正文之不足。

在寫完《憤怒的一代》(香港：基道出版社，1992)後，縈繞筆者腦海中的，一方面是上帝在自己生命裏的計劃，及上帝在香港乃至中國的心意和計劃是甚麼的問題；另方面則亦爲在喧鬧紛擾的中英港政局如何自處，且如何發現上帝的指頭而思緒不寧。《無言上帝的僕人》這個題目便是在如此的場景下建構出來的。我希望以此來做爲一個基礎，好讓我過渡至另一個經營已久的課題：「信仰與歷史」去；若是上帝願意，那將是下一本書的題目。

一九九三年三月二十日

第一章

保羅的祕訣

從保羅的功課談起

保羅在腓立比書四章12節，說了一段信徒耳熟能詳的話：「我知道怎樣處卑賤，也知道怎樣處豐富，或飽足、或飢餓、或有餘、或缺乏，隨事隨在，**我都得了祕訣**。」這裏，他提到自己得著一個「祕訣」。

「得了祕訣」的意思是：他學到了一個道理、獲得一個知識。從保羅的說法可以推斷，這個知識肯定不是淺顯的信仰ABC，任憑何人都明白了解、一蹴即就，卻是須經過困難的學習過程，付過重大的代價，才能得著。事實上，保羅在他事奉生涯的末段才寫腓立比書，又在書末帶著感情的筆觸向腓立比信徒表達謝意時才說出這段自白，顯然已反映出腓立比書是他信仰生命裏的一顆心血結晶，經過多年探索揣摩才得到的心得。

整個祕訣大抵是關乎信徒對身處環境的態度。保羅說他「無論在甚麼景況，都可以知足」，這是他「已經學會了」的功課（11節）；並且他更詳細地敍述「無論在甚麼景況」的範圍：「或飽足、或飢餓、或有餘、或缺乏。」這兩對反義詞，將各種極端的可能性都網羅在裏面了。換言之，保羅宣稱，因爲他已得著一個祕訣，他可以安然自若地處應任何的環境，不論順逆，不計得失。

這會是怎樣的祕訣呢？就經文所顯示的，**保羅應是已鍛煉修爲到一個地步，不再受外在的環境影響他內在的心態，他已超然獨立於身旁的人和事，單單注目於基督之上，且以基督及其所賜的一切爲滿足，此外再無所求。**[1]如此，整個祕訣就是：不看環境，不問得失，持守信心與喜樂。（喜樂可是腓立比書的重要主題呢！）信心與喜樂，與外在的環境得失全無關係。

必須注意的是：保羅並未宣稱他已通盤了解上帝在他生命裏的整個計劃，甚或對每一件具體個別地發生在他身上的事件背後上帝的旨意都瞭如指掌，才說這樣豪情的話，藉此表達他對上帝旨意的接納與認命。他沒有說因爲知道了上帝讓他在某個時刻飢餓與貧窮的神聖理由，確認一切苦難最終都是要他得著千倍百倍的好處，都只是「化了妝的祝福」[2]，故才欣然承受、甘之如飴。不！保羅並沒有這樣高瞻遠矚的智慧。

我們恆常不自覺地將聖經裏如保羅般的人物神聖化，將其打扮至不吃人間煙火的「聖人」，認爲他們隨時隨地皆可與天界的電訊網絡接通，明瞭上帝的旨意，故也因此具備法眼，看破紅塵色相的虛幻，知道苦不是苦、樂不是樂，既無嗔怨，也無掛慮。這大概是佛教徒追求的境界，但卻不是保羅所身處，或欽羨的人生理想。從腓立比書我們看到，保羅雖然確知他所信的是誰、他自己相對於該信仰對象又是誰、他如今的事奉是在做甚麼（一1、25，二14～16）；他對未來的至終得救和至終得勝，大概也有相當的把握（參一28）。但是，他仍深切體會到再神聖的人也不過是人，並非上帝，人不能眞箇與天合一，天心與人心並不相貫。任憑他再竭盡所能，爲主燒盡（三12），眞正使他的工作有終極效果的仍是上帝，惟有祂才能成全人手所作的工（一6）；故此，他不敢僭妄地代上帝宣告自己的「成了」，這可要在基督的審判臺前才由祂分訴定奪呢。如今在世上，只能立定心志，「恐懼戰兢，作成……得救的工夫」（二12）；

點數過去所曾成就的豐功偉業是沒有意義的，反倒再接再勵，「忘記背後，努力面前的，向著標竿直跑」（三 13 ～ 14），才是基督徒人生應有的態度。總之，保羅一方面確認上帝的慈愛與信實，另方面卻又不對自己滿懷信心（他連將來是否得從死裏復活、是否得著獎賞，也只用「或者」這個不致全然確定的說法呢）。從事奉至心態，保羅都是「基督耶穌的僕人」。

保羅可以就過去悠長的信主歷程，總結出上帝是「耶和華以勒」，但對面前發生的每樁禍福，卻並非都能眞箇了解到上帝如何供應及賜福給他。他也可以就自大馬色路上的蒙召經歷，及繼後的事奉與果效，確知上帝在他生命裏的計劃與心意；**但每個獨特事件之發生如何配合上帝的計劃，事件背後的上帝旨意如何，以至他塵世生命的至終結局，他仍然是一無所知，亦不敢自誇有任何知識的**。

保羅的祕訣並非在於他知道外在環境的每一件事的信仰含義，卻是在於他看出外在環境與他的信仰與事奉並無必然的關係。

功利主義的困惑

相信上帝是掌管人類歷史與個人生命的主，祂的全能與全善，保證了祂既願意，又有能力保守其兒女的康樂福祉。所以凡信靠祂的人，必然一生蒙福，在世得享長壽，來世得享永生。以上的說法，是一般人最常有的宗教觀念，也是他們求神拜佛的主要動機。多少「星期天信徒」回教堂守禮拜（天主教恰當地喚此爲「望」彌撒，即是完全置身事外的旁觀者），延續他們的信仰，豈非都是爲了與上帝作交易，藉著某些信仰行爲來諂媚祂，藉此換取祂的保佑賜福、心想事成、萬事勝意；又或者買個來世保險，爲自己的身後事作周全的打點，好叫今世的福樂能延展至來生去？不少傳講佈道信息的人，也順應著這樣的民意及市場需求，强調「信耶穌得永生」，既不用付任何的代價（只要舉手，宣認一句「我信」便可以了），又可以得著今世及來生的百般好處，這是多麼划算便宜的事呢；他們甚至繪形繪聲地描述將來得上天堂後的黃金街碧玉城的輝煌景象，以及無限快樂永遠快樂的仙境樂土，藉此來吸引人入教。這種將信仰淪爲「民間宗教」，教人藉奉教招利、趨吉避凶的做法，既被潘霍華 (D. Bonhoeffer) 指斥爲「廉價恩典」[3]，也是昔日使徒雅各所要嚴詞責罵的。[4]不過，它在二千年的教會中都沒有眞正絕迹過，仍以各樣的掩飾，混雜在今天的教會之內，並且還吸引了爲數相當不少的受來。[5]這是典型的功利主義的信仰態度。

較爲高一層次（也更接近聖經教訓）的說法，是雖然仍確認信仰上帝會爲信徒帶來無限的好處，但卻爲此等「好處」增添若干的附註和限定：

第一、一切上帝應許的好處，必要以此時此刻付出的代價來換取。一分耕耘、一分收穫；種甚麼，收也是甚麼。做基督徒不單得蒙福氣，也須背十字架，跟隨基督。

第二、上帝對人所作的應許，大都是「末世性」的；就是說，只會在基督再臨後才完全兌現。在現世，基督徒卻要認同基督的苦難，準備爲主受苦。

第三、上帝有時會爲著更大的「善」的緣故，使信徒在世上遭受苦難。這更大的善包括祂對兒女的管教（參來十二5～13），祂要帶引信徒對信仰及人生的奧祕作更深刻的體會，祂欲使我們對基督及世人的苦難有設身處地的認同等。如此，眼前我們見到的「惡」仍是上帝終極的「善」，信仰帶給人的還是只有好處。[6]

以上的說法不能算有甚麼謬誤，基本上也找到若干聖經的教訓以爲援引。就經驗言，它作爲一個信念，在信徒遭遇危難困厄，或要爲信仰付上重大代價時，確實成了重要的精神安慰與支持。這是爲甚麼在早期教會歷史中，由於信徒面對著嚴酷的政治逼害，隨時會有以身殉道的危險，故教會在教導裏必須特別强調受苦與殉道的價值，且將現世的受苦與來世的福樂關聯起來，一方面以後者的完全無限來對照前者的有限與短暫，二方面也認定現世受苦是促成，或協助積聚來世福樂的一種投資，藉此鼓勵信徒勇敢面對殉道。敬禮聖人的傳統也因此而發展出來。[7]聖經啓示錄的寫成，大概也與信徒面對苦難，需要有末世的盼望以爲激勵承托分不開。

不過，仔細地分析，這種期盼日後的福樂來作爲對現世苦難的補償，以及相信現世苦難是換取來世福樂的手段的信念，卻不一定是聖經的先知教訓與啓示錄的主要教導；[8]；並且，在倫理學的立場上，也異曲同工地符合了二十世紀成爲主流的功利主義和行爲主義的路線去。**功利主義的倫理學特色，就是認爲善並非內蘊於某項行爲之中的，沒有任何行爲本然爲善或爲惡；一切的善惡，端在於判別推斷其可能引發的後果。要是某個作爲可以引導出有利的後果，則便是善的；反之則爲惡**。舉例說，說謊本身並無善惡可言，誠實不見得比說謊來得正義；惟是鑑於說謊可能會引來不利的後果，諸如遭上帝刑罰等，故基督徒還是不應說謊。「權衡利害」成了這種倫理觀最眞實的寫照。當然，利害的考慮毋須必然是自私自利的，也可以是爲著羣體的長遠利益，或甚麼的其他價值，就如穆爾 (G. E. Moore) 所提倡的「理想功利主義」[9]一樣。無論如何，對於功利主義的倫理學者而言，一切行爲的對與錯，乃是由其未來的後果所決定的 (future-looking)，故此眞正指導人的行爲的，是智慧(判斷的眼光是否準確)而非德性(即某事是否合宜)。

功利主義的其中一個困難處，在於它的主張是未來性的，無法充分地包涵過去性 (past-looking) 的行爲動機，諸如感恩、忠誠、公義等。而這些過去性的行爲動機，卻才是聖經最爲强調與擡舉，且應是基督徒所最不可或缺的。基督徒之所以爲善、所以委身基督，最主要的理由並非因爲知道如此做將可獲得怎樣的賞賜，故才在利誘的情況下去做；卻是因爲他**已經獲得了上帝的恩惠，而此恩惠並非他的善行換取回來，乃是上帝在他甚麼都未曾做之前便白白賜予的**。如此，上帝的恩典先於人的回應，上帝的恩典也無關於人的回應，一切「惟獨恩典」。這個「惟獨恩典」的事實，並非僅是局限在我們得救的階段上，就是日後我們的成聖生活與事奉，也同樣惟賴上帝的恩典。基督教不是藉行爲來換取冠冕的。

這樣，我們的成聖生活與事奉，既非皈依前得蒙拯救的基礎，也不是在皈依後賺取更多冠冕賞賜的手段。基督徒之所以勉力爲善，遵主意行，完全是因著對上帝白白且貴重的恩典充滿著感激之情，不能不捨身圖報。「原來基督的愛激勵我」，而非「原來將來的福樂吸引我」，永遠是推動保羅爲主奔跑、死而後已的最大動力。愛是「不求自己的益處」，所以是非功利性的，也不應還原或約化爲某些利益的考慮。**任何人若說是爲了羨慕將來天堂的福樂才愛上帝，則他對上帝的愛已非眞愛**。傳統天主教會將基督徒的悔改分爲兩種：一爲上等痛悔，即純粹出於愛上帝而懊悔己罪；一爲下等痛悔，就是僅因懼怕受罰遭報而悔改皈依。我們有理由懷疑：下等痛悔是否眞誠的悔改。

當然，基督徒的悔改動機在絕大多數的情況下都不是純粹的，極有可能是上等下等痛悔均兼具。並且，基督徒也很難被要求淸高至不沾人間煙火般的地步，故此毫不爲己、專門爲人（或上帝）僅是一個崇高的理想，不是人人可及的。反正聖經也沒有徹底禁止任何功利主義的考慮。但是，我們總仍可以退一萬步地宣稱，倘若功利主義成了基督徒倫理抉擇的惟一指導性思想，則信仰便眞的是既淺陋又可悲了。我們可以接納教會內若干「小民」（愚夫愚婦）有買保險作長遠投資的信仰想法，卻無法容忍那些傾銷廉價福音者，在沿門兜售時將福音的核心，由上帝的大愛衰減至「你怎麼知道若今晚猝然逝世，你將可上天堂？」。別人如何領受福音我們很難完全控制，但我們總得控制教會所傳講出去的福音信息。悲劇地，廉價福音和功利主義的信仰態度，正是我們教會福音講壇上的主要信息。

正如加爾文所指出：惟獨上帝得榮耀(*sola gloria dei*)是基督徒人生最大的目標，也是一切行爲善惡的終極判準。[10]保羅也清楚地表達了相同的心意：「無論是生、是死，總叫基督在我身上照常顯大。」（腓一20）因此，功利主義並非保羅的信仰態度，也不是他在腓立比書四章12節所提到的在晚年時才學曉的「祕訣」。保羅既不是已通盤地了解上帝在其生命上及每一個細節裏的計劃安排，又認定了一切飢餓及缺乏都是爲了來生好處的一種投資，才說他無論在何種景況均可自足。

保羅的考慮是超利益的，正如他的信仰也是超利益的一樣。

義與利之辨

對於一個如保羅般早已置生死於度外的

人，眼前的或長遠的利益都不是他的主要關懷。保羅曾說：「凡我所行的，都是爲福音的緣故，爲要與人同得這福音的好處。」（林前九23）爲了使人得著福音的好處，他不但願意捨棄所有個人的自由與權利（更遑論物質利益這些「身外物」了），[11]甚至甘願連自身的得救權利也一併奉上（見羅九2～3）。**只要某個信念是上帝的眞理，某個行爲是上帝的心意，某項工作是上帝的委托，也爲別人及教會帶來眞正的好處，則保羅便義無反顧、義不容辭地挑在肩上，也委身進去了。**

事實上，當我們說「義」無反顧、「義」之所在時，我們不也是將「義」看成是超越其實際利益和行爲效果之上，具有本然價值的東西嗎？

中國的儒家，對於義利之辨，曾有相當精闢的發揮。孔子說：「仁者安仁。」又說：「士志於道，而恥惡衣惡食者，未足與議也。」[12]便正是堅持仁與貧賤富貴並無關係，有道德的人在任何條件下都能安於仁德。孟子對道德的超功利主義的性質，描繪得更淋漓盡致，他甚至主張道德比個人的生命還重要，可以在必要時爲了踐仁盡義的緣故而犧牲性命：「由是則生而有不用也，由是則可以避患而有不爲也。是故所欲有甚於生者，所惡有甚於死者。」[13]

一個堅持德行或理想的人，必然地會面對義路並不通達，爲善者不以善終的殘酷現實。這種不由人的主觀願望，及後天努力所逆轉的現實，儒家稱之爲「天命」。在堅持道德理想時，人必須同時承認命的存在，也兼顧它的存在。「子罕言利，與命與仁。」[14]「仁」與「命」必須同時並擧，不能單言其一。要是我們對爲善不一定以善終的現實沒有事先充分的了解，且一廂情願地相信只要透過個人的信念與實踐，便至終能獲得與努力相稱的後果，實現個人的期望：善有善報，惡有惡報；那麼，走不多遠，我們便會很快地發現事與願違，路路碰壁，一方面失去繼續堅持理想的勇氣，向現實低頭妥協；另方面也很易心生怨懟，認爲被理想所辜負欺騙，進而懷疑理想本身的眞實性與價值了。

這種對「命」的强調，會否導致宿命論呢？就是說，我們若相信命的存在，是否便喪失了後天努力的動機？反正「死生有命，富貴在天」，一切皆不由我們的踐仁與否而決定，則我們爲何尚要踐仁呢？

孟子對此質詢的回應是：第一，**相信命的存在，並不等於接受命運的任意擺布，變成一無可爲的命定主義**。他說：「莫非命也，順受其正，是故知命者不立於岩牆之下。盡其道而死者，正命也；桎梏死者，非正命也。」[15]換言之，「命」不是泛指一切尚未實現的潛能與已實現的現實，而僅是指著人力所不及處，即人能力的限度之外。人若竭盡所能地奮鬬過、努力過，且已把握了所有可能的機會，發揮自己所有的才幹與潛能後，其仍有無法達到的理想，亦即是人力所不能踰越的地方，才眞箇是「命」之所在，也才眞的需要我們接納「認命」。把本來可以發揮的潛能糟蹋浪費掉，或故意把自己陷在危險之中而不肯掙扎迴避，都不是順命而行。就是死了也是死於「非命」而非「正命」。

第二，我們必須將對「命」的理解，**突破於客觀的現象界的限制之外，進而相信人主觀的努力本身，也同樣是天命的所在**。「盡其心者，知其性也；知其性，則知天矣。存其心，養其性，所以事天也。殀壽不貳，修身以俟之，所以立命也。」[16]孟子在此的意思是，與其我們僅為「道之不行」這個「天命」長嗟短歎，心存不憤，為甚麼不積極地相信「知其不可而為之者」也同樣是「天命」之所寄，故必須不計較成敗得失而仍然堅持不懈呢？如此，極端如唐吉訶德 (Don Quixote) 般的鍥而不舍地追逐那「不可能的夢」，也還是比消極無為束手待斃的人更「順命」而行。順命不等於宿命，於此可見。

筆者深信，**孔子與孟子對義與利之分辨，對人主觀的努力與客觀的天命的關係的了解，可以幫助我們明白保羅在腓立比書所顯示的人生觀與倫理觀**，這才是他所言的「祕訣」所在。

保羅說他「知道怎樣處卑賤，也知道怎樣處豐富」，並非在於他已徹底明白在卑賤或豐富背後，埋藏了上帝怎樣的良好動機，故一切皆對他長遠有益，甚至進而誇張地宣認「卑賤」僅是另一種形式的「豐富」而已。不！保羅並沒有這種阿Q的想法，他也不會將惡說成是善，從而合理化惡的存在（要是「卑賤」本身是上帝所注定，甚至是要他承受的試煉與福氣，或換取未來的福樂的一種投資，則他便完全不應改變現狀，只能恭謹承受了。「惡」於此變為「善」。扭曲現狀的信仰，正符合了馬克思的「鴉片理論」）。保羅卻是要指出：「或飽足、或飢餓、或有餘、或缺乏」，各樣外在環境的轉變，均不能影響他的信仰與事奉，也與他的信仰和事奉無直接或必然的關係。任憑外在的景況如何艱難窘逼，他仍然可以「凡事都能作」。

外在環境與個人的信仰及事奉無關。

現實與超現實的信仰

當然，說一切外在環境的轉變，均與信仰與事奉無關，似乎是有點不近人情的。畢竟基督徒並非抽離於世界之外，免疫於人間各樣的是非煩擾。我們的心仍會因身旁的生老病死等際遇，而有喜怒哀樂各種的反應，既及於情又不忘情。如此，怎麼說外在環境的轉變，可以完全和信仰無關呢？

另一個同樣可能引來的誤解，便是這說法好像意味著信仰與生活分割。信仰被架空於現實生活之外，僅局限在某個特定的時間（如禮拜天）和空間（如教堂）裏，關涉某些「屬靈」的領域（如排除人間歷史之外的救恩歷史）；而事奉也變作只限於那些與福音事工有直接意義的工作，與日常生活的其餘所有時間與活動無涉。

以上兩點均不是筆者的意思。

信仰是整全的，關涉人的身心靈及生活的每一個環節，事奉也包括我們的家庭、工作、學習、休憩等所有活動與人倫關係。套用中國的老話，挑水劈柴也是爲道，沒有甚麼活動是果眞與信仰無關的。**信仰就是生活，生活就是信仰。信仰塑造生活的形態，生活也成了兌**

現、反省、考驗、成全信仰的場所。從這個角度看，個人信仰與外在世界是息息相關、互爲影響的。

不過，信仰縱然與現實密切相關，總仍然有其超越現實的部分，不能被現實全然同化。無疑，在生活裏每一個片斷都是信仰活動，但不等於我們就不要在生活中特別挑出某段時間來祈禱、讀經、默想、靈交；這不是說讀經的時間必然較比燒飯爲神聖，但燒飯總不能代替了讀經。**一個眞誠的信仰者，需要在他的日常生活之內，圈劃出某個時空，來從事基於現實、卻又超乎現實的信仰追求**。他要時刻謹記，**在努力承擔各樣俗世使命與責任的同時，他與身旁的非信徒同伴仍是有身分與使命上的分別**。這就是我們常說「**在世而不屬世**」的意思。

回到個人的信仰經歷去。不錯，基督徒（尤其是初信者）恆常在生活的現實裏去發現上帝的作爲，在對生活的期望中建立對上帝的信靠。但是，隨著信主年日的增加，信仰經驗的累積，基督徒的信仰深度也不斷改進，以至能將信仰的基礎由對外在可變環境的依賴，逐漸轉移至不變的上帝之上。我們對上帝超越的屬性愈有確知愈有把握，就愈毋須過分倚靠生活經驗的印證，藉對具體事件的詮釋來確定上帝的存在及作爲。以往我們的信心弱小，故迫切渴求得著上帝同在的特殊經歷，及其護理與供應的證據。具體而個別的事件，往往便是我們所能把握得住的憑證，我們賴之以建立起自己的信心和勇氣，對上帝的認識也都落在這些具體的事件上。但往後的發展，我們認識上帝多了，心靈對上帝同在的敏感度增加了，對上帝的旨意和聖靈的引導的警覺性提高了；那麼，我們就再不用刻意向上帝乞討某些打雷報夢的超自然神蹟，藉此印證上帝的同在，及彰顯祂的心意；反正一切再自然再平凡的事件，無不是上帝的神蹟，一花一草盡皆上帝的啓示，一山一水無非上帝的作爲。我們對上帝的愛的認知，已由個別的愛的事件，躍升至上帝永恆的愛的屬性了。「那管前面荊棘漫山，驚濤駭浪，我仍知道上帝是愛。喔，你問我怎麼知道？……我就是知道。」

要是我們對上帝的認知，能突破具體個別的事件，進至一個恆常綿延的關係裏，那外在的世界，包括自身的遭遇和經歷，就不再成爲我們與上帝之間的中介了。**我們毋須再透過正面的、有益的經歷來發現上帝，也不致因著負面的、破壞性的經歷而影響我們對上帝的信心。如此，信仰與世界的相互關係便有所改變，雖然信仰與世界仍是互爲影響的，但它們**

的影響能力與幅度卻此消彼長了：信仰對世界的塑造能力與時俱增，外在世界對信仰的影響（特別是負面的干擾）則愈來愈少。也許有一日，我們都能達到保羅所說的境界：「或飽足、或飢餓、或有餘、或缺乏、隨事隨在，我都得了祕訣。我靠著那加給我力量的，凡事都能作。」

保羅需要藉著對飢餓與缺乏的刻意詮釋，勉強將苦說成是甜，藉著扭曲外在世界的面貌，來證明上帝的飽足和有餘的供應嗎？不！保羅需要藉著投射一個將來在天家可以大魚大肉的飽足情景，以產生麻醉的作用，好叫他能較易地忍受現今缺乏的光景嗎？不！對保羅而言，這些做法既不必需，又無意義；反正他不會給費爾巴哈和馬克思留下甚麼口實的。[17]保羅就是知道上帝是既慈愛又豐富的。他怎麼知道？他當然知道，這正是他所得的祕訣哩！如此，一切外在環境的轉變，便已與其信仰的虔誠及事奉的投入程度無關。後者不再依賴前者。

保羅的信仰與事奉，已置利害得失於度外。

註釋

1 參 G. F. Hawthrone, *Philippians Word Bible Commentary* vol. 43 (Waco, Texas: Word Books, 1983), pp. 198～9. 馮蔭坤，《腓立比書註釋》（香港：天道書樓，1987），頁466～7。

2 語見蘇恩佩：「祇有祝福」，收《校園文選》，卷四，《祇有祝福》（臺北：校園團契出版社，民國六十四年），頁61～73；又《死亡、別狂傲》，收《蘇恩佩文集》（香港：突破出版社，1987），第一册，頁361～421。前書由恩佩姐於生前饋贈，對我的成長影響甚深。謹此附記。

3 潘霍華著，鄧肇明等譯：《追隨基督》（香港：道聲出版社，1974），頁32及下。

4 雅各在其書信内，痛斥「死的信心」的三種表現：第一種是置身事外的旁觀者，單單聽道卻全不投入（雅一22～24）；第二種是空洞的認信，有知識卻沒有行爲，那怕在教會之内，也不能將信仰兑現（雅二1～7、14～17）；第三種是鬼魔不如的純正信仰，就是只誇誇其談他的信仰正確，卻比信仰偏差的異端者的行爲表現還不如（雅二19）。當然我們不會認爲雅各的教訓與保羅有任何的衝突，但卻必須承認雅各書的存在，是對保羅在羅馬書三至五章的教訓的一個必要的補充與平衡，起碼可以防範了有所謂「唯信論者」(*solifidans*)過分推衍或曲解了保羅「因信稱義」的教訓。

5 這包括所謂「健康與財富福音」(Health and Wealth Gospel)，及若干「第三波」的言論主張。前者可參 Bruce Barron, *The Health and Wealth Gospel* (Downers Grove: IVP, 1987)，特別是第四章。

6 這是一般爲「苦罪問題」所作的護教性辯解方法。參如梁燕城：《苦罪懸謎——從中西哲學探索「惡的問題」》（香港：天道書樓，1980）。

7 J. N. D. Kelly, *Early Christian Doctrines* (London: A&C Black, 1977), pp. 490 ~ 1.

8 中文就這方面的討論，可參楊牧谷：《基督書簡：啓示錄與七教會書信》（臺北：校園書房出版社，民國七十九年），頁 32 ~ 57。他將聖經中的啓示文學 (apocalyptic literature) 與未來論文學 (eschatological literature) 作了一個頗爲清晰的界分與介紹。

9 穆爾 (1873 ~ 1958) 在一九〇三年發表《倫理學原理》(*Principia Ethica*) 一書，標誌著二十世紀倫理學的革命的開端。在書內，穆爾反對傳統倫理學的自然主義與形上學式的兩個立場，認爲沒有獨立與本然爲「善」的東西或性質（他稱此爲「自然主義的謬誤」），也拒絕將「善」置放在神學或超感官的領域之內；如此，並無任何自明性的道德原則，一切的倫理抉擇均只是處境性地判斷何種行爲會帶來人民總體最大的幸福。並非行爲本身，而只是行爲的結果，才是行爲正確與否（即善或惡）的惟一檢驗標準。這個説法與傳統「快樂主義」(Epicurianism) 的理解的基本論調是大致相同的；不過由於他拒絕用「快樂」或「幸福」這些過分抽象簡化的價值來做爲一切行爲的終極目標，也並非純粹利己主義的考慮，故被稱爲「理想功利主義」。

10 當然上帝的榮耀不一定與人的利益完全相對立，水火不相容；但至少人的利益永遠是第二義的，也不應成爲基督徒作倫理抉擇時的指導性考慮原則。參 John H. Leith, *John Calvin's Doctrine of the Christian Life* (Louisville, Kentucky: WJKP, 1989), p.38ff.

11 見林前九 1 ~ 23。參梁家麟：《今日哥林多教會：哥林多前書註釋》（香港：天道書樓，1992），第 35 至 38 章。

12 《論語・里仁》。

13 《孟子・告子上》。

14 《論語·子罕》。「與」是提倡的意思。

15 這段說話的語譯是：「無一不是命運，但順理而行，所接受的便是正命。所以懂得命運的人不站在有傾倒危險的牆壁之下。盡力行道而死的人所愛的是正命，犯罪而死的人所受的不是正命。」《孟子·盡心上》，語譯出自楊伯峻：《孟子譯注》（北京：中華書局，1960），下冊，頁 301 ~ 20。

16 《孟子·盡心上》。語譯爲：「充分擴張善良的本心，這就是懂得了人的本性。懂得了人的本性，就懂得天命了。保持人的本心，培養人的本性，這就是對待天命的方法。短命也好，長壽也好，我都不三心兩意，只是培養身心，等待天命，這就是安身立命的方法。」同前註，頁 301。

17 費爾巴哈 (L. Feuerbach, 1804 ~ 1872) 曾指出，宗教是人心底裏的願望，是他們對不理想的現實的逃避，也是他們對一個理想世界的渴求。故此，宗教是人心靈的投射。他舉了一個例子來說明此理論：「宗教中有些反宗教的現象，最通俗地揭露了宗教的起源和本質。有一種反宗教的，甚至因此已被虔誠的異教徒嚴加指摘的宗教現象：就是人們通常只有在不幸中才投靠宗教，才求助於神，才想起神；然而正是這種現象把我們帶到宗教本身的根源。在不幸中、在災難中，不管這災難是自己的還是別人的，人都有這種痛苦的經驗，就是感覺到不能如願、感覺到束手無策。然而運動神經的麻痺並不就是感覺神經的麻痺，我的體力的桎梏並不就是我的意志、我的心情的桎梏。正好相反，我的兩手束縛得愈緊，我的願望愈無拘束，我追求拯救的渴望愈强烈，我追求自由的衝動、企求不受約束的意志愈旺盛。人心或意志的那種被困苦的威力提高到極度，激發到極度的超人的力量，就是神的力量。神是沒有任何困苦、任何約束的。神能夠做到人所企望的事，也就是說，神執行了人心的法則。」參費爾巴哈：《宗教的本質》，收榮震華等譯：《費爾巴哈哲學著作選集》（北京：商務印書館，1984），下册，頁465～6。

馬克思(Karl Marx, 1818～1883)將費爾巴哈的理論加以擴充發揮，就提出了他有名的「宗教是人民的鴉片」的理論。見《黑格爾法哲學批判》，收《馬克思、恩格斯全集》（北京：人民出版社，1956～），第一卷，特別是頁452～3。

有關費爾巴哈與馬克思對宗教觀點的詳細討論，可參筆者「近代西方基督教思想述評」的課程講授，收錄於《批判與反思：父親形象的宗教》及《批判與反思：人民鴉片的宗教》兩套錄音帶中（香港：卓越書樓，1991）。

第二章

人生遭遇的神性原因

保羅這個晚年才得的祕訣，帶給我們一個很重要的信仰啓迪。

一個嚴肅認眞地面對自己、面對上帝的基督徒，恆常地會爲如何在紛亂蕪雜的現象世界中尋索上帝的顯現，爲如何在模糊分歧的前路抉擇中確認上帝的旨意而煩惱。在觀念上，我們肯定上帝是個人生命的主，掌管著我們的出生、成長、被召、事奉及死亡，祂在我們身上也有其完備的計劃。但在實踐上，我們卻又不容易發現上帝的作爲，也很難清晰地聆聽到祂的聲音。聖經裏無疑記載了許多上帝介入人類歷史的事件，這些事件都是旣突出又明顯的，諸如摩西帶領以色列人渡過紅海離開埃及，毋須任何考據引證，便讓同時代的人識別出是上帝的作爲。聖經裏也有許多人物，諸如摩西、以利亞等，他們也沒有與上帝溝通的困難，反正上帝好像常伴隨在其左右，隨時與他們密談，坦白地道出自己的心意要求，一切都是豁然開朗的。但在現實生活裏，能夠有如此高超的屬靈經歷的基督徒，大概沒有幾個吧！我們既非「神人」，沒有在燃燒的荊棘中朝拜上帝的經驗，也沒有在迦密山神魔大鬬法的輝煌事件；上帝於我們，常是可望而不可即的。別說恆常聆聽祂直接的訓示，有時連祂是否同在，也成了我們的焦慮所在。這是爲甚麼「如何尋求上帝的旨意」，會成爲信徒永恆關懷，但卻又無法至終求得人人滿意的答案的課題。[1]

倘若要在尚未發生的事件中、在分岐的前路抉擇裏求問上帝的旨意並不容易；那麼，**要在已發生的事件中發現上帝的作爲，以及進而尋索該事件在上帝於個人的通盤計劃中佔著何種角色和意義，就更難乎其難了**。

在觀念上，我們確認上帝仍然繼續祂在人類歷史，及我們個人身上的作爲，但在經歷上，上帝的旨意和計劃卻又並非突出明顯、不說自明；這兩難的情況導致基督徒在尋索識別上帝的旨意和作爲一事上，通常便只有兩條出路。

現狀就是上帝旨意

第一，無條件地擁抱現狀，視所有已發生

的事盡皆爲上帝的旨意和作爲。神學上，這說法似乎與改革宗的「天命論」(Doctrine of Divine Decrees) 相近。「天命論」主張，上帝在其永恆的旨意裏，已爲一切將要發生的事設定了藍圖，祂的主權遍及於所有無論是物質或是靈性的受造物之上，故它們的發展絕不會偏離上帝的計劃。《韋斯敏斯特信條》這樣說：「上帝自永恆中，藉祂無比的智慧與神性，運用自己的意志，自由地又不能改變地預定一切將會發生的東西。」[2]如此，儘管人在歷史中仍有他的責任和角色，也不等於否定人的自由意志，但人的作爲充其量僅是第二義而已，即只是第二因 (second cause)，上帝仍是確定萬事萬物的主宰。與此相關地，儘管上帝並非罪惡的創造者，亦沒有故意促成人犯罪，但從較闊的角度看，連罪的存在也離不開上帝的旨意；不過這並非上帝積極的、刻意要玉成的旨意，而僅是消極地、容忍性的旨意 (permissive decree) 而已。沒有任何那怕是再微小的事情，會在上帝的旨意以外發生。在上帝眼裏，沒有偶然、沒有意外。[3]

神學上有關上帝的預定論問題，固然是個爭論良久、綿延千多年的老話題，[4]也未必是許多人的興趣所在。但在實踐上，通俗版本的「天命論」卻隨處可見、俯拾即是。它的基本論調是：要是上帝爲人類歷史（或我的個人歷史）的主宰，沒有任何東西不在祂的預計之內；未經祂批准而能發生；那麼，一切已發生的便都在祂事先的計劃藍圖中，也就是該事情惟一可能的變化與結局。舉例說，某甲的大學入學試失敗了，他便認定這次失敗是上帝的一個預報，顯示上帝並不喜歡他上大學，故出手攔阻之。某乙跟女朋友吵架分開了，在團契分享會中坦然地感謝上帝，說是在祂的介入（設法讓他們吵架？）下使一段不合其心意的感情終止了。諸如此類。

這樣子將所有已發生的事都視作上帝旨意的態度，通常是出於敬虔的動機，即認定上帝無處不在，且事無大小均掌握著絕對的主權。「賞賜的是耶和華，收取的也是耶和華，耶和華的名是應當稱頌的。」（伯一21）因著上帝控制著任何事情那怕最微小的環節，故每樁已發生的事情便都是神聖的，都是上帝的心意，也都不容人有欣然接受之外的回應態度。人必須全然順服於上帝的安排，接納現狀，爲一切的或順或逆的遭遇感謝上帝。就像大衞得知其子逝世後，不但沒有哀慟號咷，反倒沐浴更衣，照常吃喝，並說：「孩子死了，我何必禁食，我豈能使他返回呢？」(撒下十二23）

順著以上的思路，基督徒便連過分的負面

感情也是不該的。任何那怕是失望、沮喪、哀傷、怨恨、不捨的反應，都是執著己意，不肯完全作順命兒女的表現。記得有次我的舊同事探訪她的一位朋友，對方剛失去了母親，傾談間一時感觸，按捺不住便大哭起來；但待會後卻又趕快擦乾眼淚，抱歉地說：「對不起，我不該這麼小信……」我的舊同事非常於心不忍，便勸慰說：「姊妹，爲甚麼要道歉呢？你怎麼不接納如今你是極度難過與痛苦呢？畢竟是你的母親逝世哩！」那位姊妹「不近人情」的反應並不是獨特的，類似例子俯拾即是，隨處可見。中國人「存天理、去人欲」的道學教訓，恆常借屍還魂於教會的文化裏。坦白說，每次當我聽到有剛逢災劫的基督徒噙著眼淚、哽咽的說「見證」，劈頭一句便「感謝上帝」時，我就禁不住的打顫，不寒而慄。

無論如何，**若所有事情皆爲上帝定意的安排，亦是上帝考驗我們的順服與信心的媒介，則我們惟一合法的回應便是全然認命，節哀順變；既不企圖改變現實，連過激的心理反應也要禁止。這是基督徒版本的「命定主義」**(Determinism)。

沒完沒了的神學詮釋

也許以上的出路難度太高，太違逆人性，

並非人人皆有如此的屬靈深度，可以練就處變不驚的定力，攀達此境界。所以，便有如下的修正版，即第二條出路。

第二，修正前面的說法，並不認為所有已發生的事皆「是」上帝的旨意，卻仍相信已發生的事必「有」上帝的旨意。換言之，上帝的旨意並不全然等同已發生的事情，起碼不一定是事情的表面現象；但所有已發生的事情仍是上帝所容許，是在祂基於某些神聖理由才促成的。故此，**只有隱藏在事情背後的神聖理由才是上帝的旨意。基督徒的責任因此不是簡單而被動的接納現狀，卻是主動地詮釋已發生的事件，好尋出埋藏在其中的上帝旨意**。這大概是在日常生活中基督徒最常有的信仰態度和做法了。

倘若上帝是既慈愛又公義的，在聖經中又應許了天父必然會善待祂的兒女(如詩一〇三13)；那麼，在我們所遭遇的芸芸苦難背後，必然有(或更準確地說：必須有)一個更大的善的理由。只有一個更大的善才能合理化面前的惡，且會使面前的惡不致威脅了上帝全善的本性。故此，任憑面前經歷的事是如何荒謬無端、如何黑雲瀰漫，我們都認定必然出於上帝美善的旨意。祂或是藉著這些苦難事件來考驗我們對祂的信心與忍耐，或是藉此來割斷我們對所擁有的東西的理所當然感、自恃感與自信心，或是藉著切身體驗苦難來體會基督的受苦、體會人生的短暫有限、體會生命奧祕……總之，上帝必然有其隱藏的美善在苦難的事件中，需要我們刻意去尋覓發掘，好消去心中的怒火怨氣，領會上帝的恩典，並爲此感謝祂。

以上的說法一定不能算錯，除了在眞理上不會被駁倒外，也是信徒在日常生活裏恆常可以驗證經歷的眞理。以色列人在漫長而艱苦的曠野漂流中，要不是認定上帝仍沒有撇棄他們，仍對他們有恩典的供應，則他們便連生存的勇氣也難以維持下去。「你也要記念耶和華你的上帝在曠野引導你；這四十年，是要苦煉你，試驗你，要知道你心內如何，肯守祂的誡命不肯……」（申八2）爲了勉强找出上帝供應他們的證據，便連步行四十年而沒有腳腫也要拿出來誇大一番。[5]詩人說：「我還是相信，在活人之地，我可以看見耶和華的恩惠。」（詩二十七13）[6]這是他的信念，也是支撐他面對危難、面對仇敵時的惟一盼望。我們在生活中，豈非同樣既需要，又運用著這樣的信心與盼望嗎？

不過，要在實踐上應用這個眞理在生活中，可要比單純在理念上認信此看法困難多了。在很多情況下，**我們不太容易在具體的苦難裏尋出上帝的旨意，在猙獰可怖的罪惡中發**

現上帝隱藏的美善；甚至連判別面前的苦難到底是來自上帝的試煉，抑或是撒但的試探的識別力也不會擁有。如此，要在表面上與上帝的美善水火不容的苦難中，找尋上帝埋藏在其中的旨意，不僅是難度奇高的一件事，而**整個尋索上帝旨意的過程，有時甚至比忍受苦難本身還要痛苦**。

作爲一個教會的牧者，我有太多機會聆聽信徒的喜怒哀樂，也有太多機會被要求對信徒的遭遇作神學解釋，好讓他們在忍受苦難的當兒，明白上帝的旨意。某甲爲甚麼在竭盡所能後仍會考失敗，某乙的母親爲何在車禍中橫死，某丙爲甚麼年紀輕輕便身罹絕症，某丁爲何接二連三遭遇不幸的事……不如意的事之多，豈僅是十常八九？簡直就是應接不暇！

這裏就已發生的遭遇來尋覓上帝隱藏的旨意的努力，與對面前的敞開而不確定的將來要尋求上帝的指引截然不同，前者的難度遠較後者爲高。因爲倘若事情尚未發生，後果尚待揭盅，則我們仍可以運用理性對當前的處境與發展趨勢作適當估計，並且作出一個相對地較明智的行動決定。譬如說某人問我他應報考大學的哪一系，我雖然無法預知他若報讀不同系別所會遇到的不同下場，總仍可以就他個人的興趣與能力，或不同系別的一般發展前景，來給他一個中聽的（是否最準確，倒不得而知）建議。反正事情尚未發生，勝負未卜；而他若做了報讀A系的決定，便也取消了修讀別系的可能，如此也沒有機會用別的經驗來證明報讀A系是錯誤的決定（就算他至終給A系趕出校，也不等於他在B系不會有相同的遭遇，如此也不見得我的建議是錯誤的），故此，我這個建議者是立在不敗之地的。讀書如此，擇業與擇偶，以至所有對未發生的事情的抉擇皆然，都是難辨絕對的對與錯的，只有較合理或較不合理的決定；故作爲一個建議者，我的壓力便不會太大。並且，我還可以有最後的絕招，便是將皮球送回對方的手中，要求求問者多讀經、多祈禱，逕自求問上帝的旨意。毋須勞駕牧師出馬，代他向上帝討教也。

但是，若弟兄姊妹向我求問的是已發生了的事裏的上帝的旨意，情況便大不相同了。因爲所有已發生的事實，便已取消了一切的可能性，我們不能設想別的情況，假定事情沒發生過。若果我們認定非經上帝允准，任何事情不會發生，則任何已發生了的事情，要不是其本身便是上帝的旨意，也必然蘊藏了上帝的旨意；換言之，上帝已在發生了的事實裏彰顯了祂的心意，祂已經說話了、表態了。問題端在於我們是否聆聽而已。套用保羅的說法，上帝的旨意乃隱藏在信徒的經歷中，成了不測的奧祕，但如今是否該向聖徒顯明出來呢（西一26）；倘若屬靈的人能看透萬事，藉著聖靈的啓迪，便連上帝深奧的事也參透了（林前二10～16）[7]，那麼，身爲牧者的我，怎麼能承認自己並不明白上帝的旨意呢？這不是間接承認自己不夠屬靈嗎？

對於這許許多多的神學詮釋的訂單，我要很抱歉地說，除了鼓勵當事人仍然保持對上帝的信心，並且積極地、樂觀地面對未來外，我並沒有很大的勇氣爲具體的事件作解釋，指出其背後的神聖理由，及上帝的旨意如何在它們之內尋出。

一位信徒的至愛親人因某樁橫逆遽然去世，我該如何對這件事作解釋？首先告訴他上帝會因著某種更大的善的緣故，來容許信徒遭遇苦難，[8]故一切不幸的事故中仍有上帝的美意，諸如上帝要藉此事來警惕他人生短暫，必須趁著白晝，多作主工？其次告訴他苦罪的來源乃爲撒但，故整件意外本身是一場屬靈戰爭甚或屬靈陰謀：撒但要奪去其親人的性命，好使他失掉對上帝的信心？[9]第三向其申言，任憑人間再多苦難，仍不損上帝的慈愛和神性，[10]因爲上帝的「慈愛」的含義不由人來界定，祂可以做一些爲我們感情所抗拒，而仍然爲善的作爲在我們身上？[11]第四是向他應許上帝至終會帶引祂的兒女進入榮耀去，故縱然面前有重重的苦難，難以克服，但基督徒卻絕不可喪氣，因爲苦難不是終極性的，光明就在陰霾的背後，[12]基督徒必須在苦難中持守盼望？[13]以上任何一個說法，嚴格地說都不能說是錯（至少無法被證明爲錯），但在面對著眞實的苦難處境時，卻仍是捉衿見肘的。筆者的經驗是，最佳的回應方法就是與當事人並肩一起，感受與認同他的痛苦，包括共鳴他因不接納面前苦難而產生對上帝的忿怒與申辯。一切神學的解釋，要不是多餘的，也是窘逼乏力的。

事實上，任何具體識別上帝旨意的行動，都是既鹵莽又危險的。曾有一位弟兄身罹絕症，多方求治不成，內心既沮喪又焦慮。身旁的信徒好友，乃大顯基督徒的愛心，除不斷爲他供應各種中醫、西醫、泰醫、巫醫的驗方（某祕方說將糯米塞進鷄腹腔裏煮熟，便可治療癌症……林林總總，無奇不有），及從各種渠道得回來的痊愈見證外，又好言相勸百般安慰，不斷向他保證上帝必會醫治看顧，[14]而如今的困境只是上帝考驗他對其信心是否堅貞、依靠是否徹底吧了。於是乎，每一個驗方的提出，都被這位弟兄詮釋爲天使的安慰、上帝介入的證據，但及後一旦實驗失敗，又要推翻前說，艱辛地將這些安慰與驗方看爲撒但的試探、上帝更大的磨練。周而復始，循環不息。如是者經過多番的期望與失望後，爲各樣的實驗耗費大量金錢不在話下；更不幸地，這位弟兄完全失卻了對上帝的信心，認定上帝在一直愚弄他，苦毒的情緒極高，幾乎使他離棄了信仰。就這件事，我聯想起（雖然略有不倫不類）耶穌的說話：「那時，若有人對你們說，基督在這裏；或說，基督在那裏，你們不要信。」（太二十四23）雖然那些說安慰及祝福說話的人滿懷好意，不能以假先知待之，但從其迷惑及絆倒人的效果看，便亦與假先知無大分別。15

上帝的個人計劃

要是具體識別上帝在某事件的旨意是如此困難，那麼我們可不可以說，上帝根本就沒有針對個人的旨意呢？

弗爾遜 (Garry Friesen) 在他那本頗富爭議性的著作：《定意與上帝旨意》(*Decision Making & the Will of God*) 裏，提出的便是這樣的看法。16

他首先將上帝的旨意分爲三種，第一是所謂上帝的統治意志 (sovereign will)，就是祂定意引導歷史發展的軌迹；第二是上帝的道德意志 (moral will)，即上帝藉聖經所彰顯的原則，教導人如何生活；第三則是個別意志 (individual will)，即上帝對每一個人獨特的、詳細的計劃。然後便指出，只有統治意志及道德意志的存在，個別意志是不眞實的。那些主張上帝對人有一個具體周詳、巨細無遺的計劃，又認爲人可以藉著理性、經驗、聖經例證及正面教導獲知該計劃的說法，都是站不住腳的。因爲事實上，並無任何穩妥的方法可以讓我們確知上帝的個別意志。並且，聖經也沒有正面提過有這麼一個個別的旨意存在，一切聖經裏的人物，都是在具體的處境中，憑藉理性與信心爲前途作抉擇。他們無意要判別出上帝在某項抉擇裏的特殊喜好，而只是按著上帝的統治意志（包括祂的福音拓展的計劃）及道德意志（甚麼應做，甚麼不可爲）來作決定。17

聖經無疑有許多例子說明上帝個別地引導信徒在某個具體行動中作特殊的抉擇，但這些是超自然的神蹟，是上帝特殊的作爲，是例外的事件，而非普遍的、恆常發生的或理所當然的常規，故此也不應是基督徒在日常生活中所要努力尋求的東西。而更重要的是，**聖經在鼓勵信徒尋索上帝心意的引導時，永遠是指著聖經裏已顯明的教訓如何具體應用，從來沒有要**

求我們刻意追蹤內心特殊的感受，更遑論命令我們將行爲的抉擇統統依賴在這樣主觀的內心感受裏了。

在作者看來，上帝的旨意，若是關乎祂在歷史裏的救贖計劃，以及善惡好壞的價值判斷的，要不是已清楚顯明在聖經裏，可供我們用客觀理性的方法尋出，就是隱蔽的、無迹可尋。上帝不會在環境裏布置各樣或明或暗的提示，要我們像猜謎般猜想這些徵兆的含義，好估量上帝在該項抉擇裏的心意。祂若眞的要介入、要顯明祂的特殊心意，就會清楚地以超自然的神蹟方法來向人啓示，毋庸人像偵探片集般逕自尋覓蛛絲馬迹、費煞思量，一面猜想，一面又擔憂猜錯。上帝若果要啓示祂自己，爲何要如此偸偸摸摸、吞吞吐吐？上帝對人的要求，是人對其顯明的心意的忠心順從，抑或是人夠聰明、心水清，猜中祂的燈謎暗語？

要是在一些上帝沒有顯明其心意的事上，基督徒的抉擇方法並非努力猜想上帝的指定答案，乃是按著其自由意志，負責任地作抉擇；那麼，只要他的抉擇是符合上帝的道德意志，又配合上帝的統治意志的，則便是完全合法的。至於一些非比尋常的決定，又沒有顯明的統治意志或道德意志可茲參考及指引的，基督徒惟一能作的，就是憑藉其屬靈的成熟程度，做最有智慧的抉擇了。

大致上，筆者同意弗爾遜所說的每一點，也相信其觀點是既符合聖經的教導，又與人情常理相一致的。讀者們當會看到，筆者的《憑誰意行？》一書，在許多看法上可說與弗爾遜不謀而合，筆者惟一不能茍同的，是作者在否定人應主動而刻意尋索上帝在個人身上個別的旨意的同時，進而否定有個別意志這回事（雖然在釋經上，作者也只是謹慎地說聖經並不直接支持有「預設每一細點」的上帝旨意，而非眞箇否證之）。從加爾文主義的角度看，筆者只能接納前者，對後者便不能不有所保留了。

改革宗信仰指出，上帝是人類歷史的掌管者，沒有任何事情的發生，不是在祂永恆的計劃裏早已預定了的。[18]聖經從來沒有主張，上帝只計劃某些大事，或只設計某個大方向大趨勢，小事祂卻不插手不過問。如同保羅說：「其實祂離我們各人不遠，我們生活、動作、存留，都在乎祂。」（徒十七27～28）因爲上帝乃是「衆人的父，超乎衆人之上，貫乎衆人之中，也住在衆人之內」（弗四6）。無疑聖經記載了許多劃時代的、改寫人類（或某民族）歷史的偉大人物的故事，如摩西、以利亞等，從他們身上，我們可以看到上帝如何策劃、布置、保守他們的一生，教他們準備好去承擔祂所交付的使命，踐行祂早已預定的計劃（摩西四十年學習、四十年退隱、四十年事奉，是我們耳熟能詳，津津樂道的故事）。但是，聖經裏卻也有同樣多（要不是更多的話）不見經傳、也沒有很大影響力的小人物，他們的一生同樣也在上帝的策劃、布置、保守之中呢！上帝是公平的上帝，祂不會只看顧大人物而輕忽小角色；上帝也是周全的上帝，祂不會只插手於大趨勢而對小事細節不聞不問。如此，說上帝只有統治意志而沒有個別意志，到底是否說得通呢？倘若歷史乃由人所組成，且組成的內容不單是個別的大主角大事件，也包括無數的小角色及瑣碎的小風波；那麼，上帝如何能沒有個別意志而兌現到祂的統治意志呢？難道其統治意志是完全架空的嗎？

學例說，要是上帝有祂救贖萬民的計劃（這肯定屬於弗爾遜所說的統治意志的範圍了），這計劃毫無疑問地必然與保羅這個早期教會的偉大人物密切相關，保羅在上帝的計劃裏必然佔了相當重要的部分。如此，上帝在保羅身上的個別意志，明顯便是配合著祂的統治意志了。保羅自己確認，他之蒙召絕非巧合偶然的事，卻是上帝在永恆的計劃裏早已預定了的：「上帝救了我們，以聖召召我們，不是按我們的行爲，乃是按祂的旨意和恩典，這恩典是萬古之先，在基督耶穌裏賜給我們的。」（提後一9）上帝在保羅身上，不會沒有個別意志而只有統治意志及道德意志。然而，要不是有亞拿尼亞和巴拿巴等人，又何來有保羅的事奉呢？上帝豈不也同樣在亞拿尼亞與巴拿巴等人的身上，布置了周詳的計劃，敎他們在某個時空與保羅相遇，好讓他能受裝備，且被接納爲敎會的使徒嗎？難道我們說，上帝只視他們爲工具，在某個時刻用上他們去幫助保羅，其餘之前或之後的時間，便對他們袖手旁觀、置諸不理嗎？要非這樣，上帝便顯然在他們身上有同樣周詳的個別計劃了，餘此類推……

沒有點就不成線，沒有線就不成面。上帝的統治意志是與祂的許多個別意志分不開的，沒有後者便沒有前者，這在個人層面及歷史整體而言，都是同樣眞實的。在個人層面，上帝不會只管我的出生、皈依、奉獻，單在這些重要事件有祂的計劃和心意，我其餘日常生活裏的柴米油鹽，祂統統不予過問，也不負任何責任。要是這樣，我平日謝飯來幹啥？沒有我日常生活的小節小點，就沒有我一生的事奉圖畫，點與線根本就分不開！在歷史的層面，上帝對人類歷史（包括救贖歷史）的計劃，必然網羅了所有人間的喜怒哀樂、恩怨情仇，不會有任何小的片段，可以在祂的旨意和計劃之外，也不會在失去那怕是再微細的片段後，這幅歷史的圖畫仍得完整。點與線與面於此也是不能分開的。說上帝只有大方向的設計而無細節的安排，只管大事不管瑣事；說上帝只有統治意志而無個別意志，則要不是我們把上帝的所謂統治意志完全架空，變作全無內容的口號，就必然陷入如何分辨何謂大方向何謂細節、何謂大事何謂瑣事的無窮煩惱去。

當然，確認上帝在人類歷史有巨細無遺的預定計劃，相信祂在統治意志之餘還有針對每個時空每個人及每個事件的個別意志，並不等於我們便能尋得出祂的計劃和心意，也不等於便取締了我的自由和抉擇的責任。縱然我知道上帝預定了我今天晚上吃揚州炒飯抑或乾炒牛河，並不表示我有辦法藉讀經、祈禱、尋找環境證據或任何方程式來預先求得這個預定，也不表示我有義務與責任去刻意尋求上帝的預定。要是上帝沒有預先向我啓示，告訴我祂的心意，則我只管按我的理性與喜好，在不違反祂已顯明的旨意下作個人的抉擇，並且憑信心相信我這樣作的抉擇必然吻合祂的預定。在抉擇的當兒、在捧著餐牌猶豫不決時，我體驗到自己的自由及因要作抉擇而來的焦慮。我是自由的，而此自由不是用理性證明出來的，卻是實存性的，藉當下的抉擇體認出來的。故人的自由與上帝的預定不相衝突，可以並存。[19]

因此，**筆者同意基督徒毋須刻意尋索上帝在個人身上隱藏的旨意，尤其要避免用穿鑿附會的靈意解經，或任意推敲的環境證據來確定上帝隱晦不明的旨意**（寧可承認上帝的旨意暗昧不明，總比胡亂猜想更安全，也更敬虔!!），**寧可按著上帝已經顯明的旨意**（統治意志及道德意志），**藉理性與喜好來作抉擇**。但是，卻仍須堅持上帝確實有祂巨細無遺的個別意志，拒絕認爲有任何那怕是再微小的事情不在祂的預定範圍內。上帝不向人啓示，人不知道上帝的計劃，並不等於上帝便沒有計劃哩。

筆者相信，這正是保羅的態度：一方面相信他所有的遭遇，包括飽足飢餓有餘缺乏，統統是上帝美善的安排，沒有任何偶然巧合；但另方面卻又不刻意爲尋索上帝在這些遭遇背後的旨意，即這些事的神聖理由，坦然接受一切的現實，把握一切的機會，也盡自己所能將事情做到最好。不怨天尤人，也不聽天由命；不束手待斃，也不自力得救。知道上帝在所有事上均有其旨意，卻又接受上帝並不將其旨意全然豁露，不苛求上帝按他的理想來運轉。保羅的人生態度，正是「盡性」而又「知命」呢。

確認上帝在一生裏有其美善的計劃，但不要刻意尋求某件個別事件的神聖理由。

註釋

1 參梁家麟，《憑誰意行？》(香港：基道出版社，1992）。

2 《信約》III · 1。筆者在此參閱的是 George S. Hendry, *The Westminster Confession for Today: A Contemporary Interpretation* (London: SCM Press, 1960), p. 49f. 本書對《韋斯敏斯特信條》的闡釋與演繹簡明清晰。值得補充的是，在同一條信約裏，特別指出這個說法並不意味著上帝是罪惡的創造者，或祂故意將任何橫逆强加於受造物之上。

3 有關「天命論」的教義，最正統的改革宗論述，應是 L. Berkhof, *Systematic Theology* (Grand Rapids: Eerdmans, 1969), pp.100 ~ 108; G. C. Berkouwer, *Studies in Dogmatics: The Providence of God* (Grand Rapids: Eerdmans, 1983). 柏可偉 (Berkouwer) 的看法已略爲寬容，但由於在後文會特別徵引討論他的觀點，這裏且打住不論。

4 L. Boettner, *The Reformed Doctrine of Predestination* (New Jersey, Presbyterian and Reformed Publishing Co., 1932). 這仍是最經典的著作。至於與救贖論有關的預定論問題，除了 Berkhof 的 *Systematic Theology*, pp.262 ~ 301, 415 ~ 431 外，可參 P. K. Jewett, *Election and Predestination* (Grand Rapids: Eerdmans, 1985); D. Basinger and R. Basinger, eds.,

Predestination and Free Will (Downers Grove: Inter-Varsity, 1986); C. H. Pinnock, ed., *Grace Unlimited* (Minneapolis: Bethany, 1975); C. H. Pinnock, ed., *The Grace of God, The Will of man: A Case for Arminianism* (Grand Rapids: Academic Books, 1989).

5 參梁家麟，「你的腳也沒有腫」，《生命雜誌》363期，1989年12月。

6 這裏筆者採用《聖經新譯本》的繙譯，是因爲《和合本》附加的一句：「就早已喪膽了」，爲原文所無。

7 筆者並不同意「屬靈的人能看透萬事」是指著屬靈的基督徒能了解一切屬靈或屬世的知識，保羅的原意並非這樣。參拙著：《今日哥林多教會——哥林多前書註釋》（香港：天道書樓，1992），頁60～67。

8 葛培理 (Billy Graham) 在他的《浩劫前夕——苦難的透視》(*Till Armageddon*)，陳吳郁娜譯（臺北：校園書房，1985）裏，為基督徒遭受苦難給予七個解釋：

一、因苦難爲人生不可分割的一部分，人人不得免疫，基督徒也不例外；

二、基督徒或因犯罪而自招苦難；

三、基督徒並未被授予豁免苦難的權利，免得信仰成了人趨吉避凶的手段；

四、上帝用苦難來操練我們；

五、上帝藉苦難的管教，使我們至終得益；

六、苦難使基督徒學習謙卑的功課；

七、苦難也教我們忍耐的功課。（參第六章，頁 113 ~ 128。）

以上的論點雖無突破，可也是我們所能提出最合理的答案了。

9 前哈佛神學院教授麥吉爾 (A. C. McGill) 便曾提出過一個有趣的理論。他指出世界正被撒但的破壞性力量所籠罩，以致罪惡蜂生，災難不止；基督徒不應妄想上帝會用祂的大能消除罪惡，因爲上帝在基督裏顯示祂的力量是愛的力量，是服務而非轄制。故此，與其期望上帝會以超自然的力量克勝罪惡，不如積極迎向罪惡，以愛和服務來協助止息地上的罪惡。見氏著，*Suffering: A Test of Theological Methed* (Philadelphia: The Westminster Press, 1982). 撇除麥吉爾的企圖限制或懷疑上帝在人類歷史裏的超自然作爲不談，他之將人間的罪惡咎到撒但的頭上，倒是相當具創意的。

10 一個簡明的有關苦罪問題的神義論 (Theodicy) 可參 M. Peterson, *Evil and the Christian God* (Grand Rapids: Baker, 1982). 作者特别闢了一章（第五章）來論證無緣無故的罪惡，仍是有神論信仰所能兼容的。蒂利 (T. W. Tilley) 在他的巨著 *The Evils of Theodicy* (Washington, D. C.: Georgetown

University Press, 1991) 中，除回顧了歷史上神義論的幾個主要模式外，又指斥神義論的出現，常是將苦罪問題的重心由人的苦難轉移至上帝的無辜，並且由於將人的罪性視作罪惡的根源，故傾向將罪個人主義化，輕忽了社會性的罪惡；再者，由於基督徒將罪的來源判定在人無力扭轉的罪性或超自然的撒但之上，自然地便否定了人有取締罪惡的能力，也不鼓勵人委身在對抗社會罪惡的運動去。蒂利的看法，很值得福音派的基督徒嚴肅反省。

11 多年前讀魯益師 (C. S. Lewis) 的《痛苦的奧祕》(*The Problem of Pain,* Glasgow: William Collins Sons, 1977)，最深刻的便是他在這點的申辯。頁 36 及下。（編按：中譯爲魯繼曾譯，《痛苦的奧祕》，香港基督教文藝，1956。）

12 普迪嘉 (Theodore Plantinga) 寫了幾本有關苦罪問題的書，主要的論點是，苦難的眞正出路是「末世論」。他認爲這才是正統加爾文派對苦罪問題的處理方法。加爾文派無意爲苦罪的存在找尋一個合理化其存在的理由，神義論不是他們的關懷；反倒他們承認苦罪本身是個奧祕，故任何强行給予理性解釋的做法都是不切實際的。苦罪問題作爲一個人生的奧祕，必要在基督重回後才得到充分而完全的解釋。參 *Learning to Live with Evil* (Grand Rapids: Eerdmans, 1982). 筆者對苦罪問題的看法，大致上與普迪嘉相同。

13 有兩本各自持不同神學立場的書籍，都將苦難與盼望緊連起來。其一是克拉森 (M. Clarkson) 的 *Destined for Glory: Triumphant through Suffering* (Grand Rapids: Eerdmans, 1983).（此書有中譯本：張敬德等譯，《神預定得榮耀的人——受苦的意義》，香港：福音出版社，1986。）克拉森將人的犯罪視作苦難的始源，故苦難成了世界不可分的部分，也就是基督徒無法逃避的命運。基督徒必須認定上帝仍在掌權，祂所做的一切（包括如今受苦的時刻）完全是爲著我們的好處，而祂最終也會帶引信徒到祂應許的榮耀中。這是一本平實的小書，論點並無新意。可是由於作者個人有長期受疾病所困的經歷，使得她的講論深具感染力與說服力。

其二，龐卡 (J. Christiaan Beker) 在他的《苦難與盼望——聖經的遠象與人類的困境》(*Suffering and Hope: The Biblical Vision and the Human Predicament*)（曾淑儀譯，香港：基道出版社，1992），雖然拒絕抽離苦難現實的虛幻期望（頁 13），也否定傳統爲罪惡或苦難賦予任何意義的做法；但仍指出根據聖經的看法，苦難與盼望的經驗是分不開的。基督徒的盼望乃建造在基督的死與復活的事實之上。因著基督的死和復活，我們確認上帝要介入和拯救這個世界；也因著基督的死和復活此已發生的事實，我們期望上帝至終得勝，結束今世的苦難，帶來喜樂與和平。這本書對聖經各卷的苦難觀有非常精闢的闡述。

14 第三波靈恩運動的提倡者，就是反對基督徒在爲病人祈禱時說「若是祢的意思，請醫治這人」等模棱兩可的話，他們指斥這樣做是既缺乏信心，又沒有分辨上帝旨意的能力。他們鼓吹的是「主動的禱告」，就是說，給予病患者一個肯定的信號，確認上帝會醫治他（參韋拿[C. Peter Wagner]著，高陳寶嬋譯，《醫治事工能助你的教會增長》*[How to Have a Healing Ministry without Making your Church Sick!]* 香港：亞洲歸主協會香港分會，1991，頁162）。

當然，他們若堅持用主動的禱告，就必然面對如何得知上帝確實會醫治的問題。他們乃主張醫治者在祈禱時多數會得到聖靈的啓示，讓他們確知上帝是否醫治某人。故第三波在强調醫治事工的同時，必須也提倡醫治者的先知能力，他們稱之爲「知識的言語」。由於有聖靈的啓示，他們作的祈禱乃變成「命定的說話」(words of command)，「宣告的說話」(words of pronouncement)，及「申斥的祈禱」(prayer of rebuke)等權威性的言詞了。（參John Wimber, *Power Healing* [London: Hodder & Stoughton, 1986], 頁218～219）.

問題是，他們果眞是在每次爲病人祈禱前都確知上帝是否醫治他嗎？若果答案爲「是」的話，那他們根本就用不著禱告，儘管在診斷後便宣告好了。要是上帝確實醫治，禱告就非必須（除非他們視禱告爲驅使上帝作業的一種咒語或必要步驟）；要是上帝不肯醫治，則禱告也沒用，只好節哀順變吧。但是矛盾的地方卻在於，他們同時期又主張基督徒祈禱治病而不得痊愈的其中一個主因（溫約翰[John Wimber]稱爲最基本的原因！）是信心不足、祈禱不恆切；並說：「只要我們堅持尋求上帝，就會有更多恩典、更多憐憫、更多能力、更多神蹟醫治……」(John Wimber, *Power Healing* 頁 171，參頁 169 ~ 171）。那麼，到底是先有上帝確實醫治的知識，然後才祈禱求醫治，抑或是先憑信心大膽且肯定地求醫治，然後才仰望祂介入呢？

並且，在實踐上第三波的人也得承認，他們的醫治效果並非如想像般高，就算他們眞正用知識的言語和申斥的禱告，病者也可能得不著痊愈。屈大衛(David Watson)的遭遇（由溫約翰本人親自出馬，且註明是有聖靈的工作，又用上申斥的禱告）便是一個很好的例子（參屈大衛著，蔡貴恆譯，《勇者無懼》[*Fear No Evil*]，香港：天道書樓，1991，頁 68）。

要是他們宣稱得到聖靈的啓示，才施行醫治工作，則醫治失敗就不能推賴爲上帝的主權問題，而變成是有人「假傳聖旨」，作假先知了。

雖然也有人爭辯說新約不同於舊約，沒有要求先知（或說知識的言語的）必須百分百準確，眞先知也可以錯誤。但這說法是極其荒謬的。蓋斯勒 (Norman Geisler) 在他的 *Signs and Wonders* (Wheaton: Tyndale House, 1988) 已有清楚的論述。參該書，頁 157 ~ 162。

15 這正是筆者對第三波有關神醫教導最深惡痛絕的地方。第三波恆常批評傳統教會不作醫治事工，以此來突顯他們的正義與正統。但是，我們果眞是不作醫治嗎？絕不！作爲教會的牧者，我怎麼不爲病患者祈禱？作爲兩個孩子的父親，我怎麼不爲孩子生病仰望上帝？我的祈禱可懇切哩！問題端在於：我是否有權代表上帝宣告（而非單純向上帝祈求）某個疾病的痊愈？甚至普遍性地聲稱疾病得痊愈是基督徒生活的常規，不能得醫治只是例外？我之不肯給予病患者一個確實的保證或應許，到底是出於我的信心不足，抑或我只是謹慎地不扮演上帝？妄稱上帝的名，發布虛假應許，是否該死的大罪？而在牧養的考慮上，給予在苦難中的病人一個虛假的盼望，教他在遭受肉體折磨之餘增添多一份心靈上的煎熬，到底是否道德的事？若至終令他失掉對上帝的信心，又是否犯絆倒弟兄的大罪？筆者在此大膽地說，除非我們將祈禱變成具法力的咒語，或將上帝變作任人擺布的傀儡，否則，「若祢願意，請醫治我」就是惟一合法的祈禱，任何逾越此形式的禱文皆是異端！當然，若上帝果眞清楚告訴我祂即將醫治的啓示，那便屬例外；但任何宣告代表上帝發言的人，必須接受申命記有關懲治假先知的方法的後果（申十八 20～22）。

16 Garry Friesen, *Decision Making & the Will of God: A Biblical Alternative to the Traditional View* (Portland: Multnomah, 1980). 此書乃在我出版了《憑誰意行？》後，才由播道會一位弟兄廖志强先生介紹並借閱，他囑咐我對它作回應。茲附記在此，以爲銘謝。

17 作者檢視了幾段支持傳統説法——即上帝在每個信徒身上都布置了特殊的計劃，信徒的責任是在尋索該計劃，並且使自己的抉擇與該計劃相配合——的經文，包括箴三 5～6；詩二十二 8；賽三十 20～21；西一 9，四 12；羅十二 1～2；弗二 10 等，指出它們所指的上帝旨意，其實都是一般性的道德意志，而非具體個別的旨意；並且尋求方法也是運用理性作判斷，不是依仗個人内心的感動。這些釋經的證據，是頗爲有力的。參同前書，第六章，頁 97 及下。

18 貝特納 (Boettner) 説得很好：那些主張上帝只是「預知」一切而非「預定」一切的人，其實只是在作無意義的概念遊戲，因爲對上帝而言，預知和預定根本毫無分別。儘管我們説上帝只是預知而非預定一切，但要是一切祂所預知的東西都必然按著這個知識而成就，又沒有任何事的發生不是循著祂所預知的藍圖，那祂的預知就等於祂的預定。也許有人爭辯說，上帝預定一切，即等於一切東西的發生，上帝均要負上責任，而說上帝預知，則祂不需爲該等東西承擔責任。故這樣說可以爲上帝在某些事（特別是罪惡與苦難）開脫責任。但主張某些事（儘管是罪惡與苦難）可以與上帝全然無關，本來便是荒謬的，也不符合聖經的說法。Boettner, *The Reformed Doctrine of Predestination,* pp. 42 ~ 46.

19 要在理論上證明人的自由是不可能的。即使我們排除了預定論甚或一切宗教的因素，我們還是無法證明人是自由的。且不說心理學上兩大學派：心理分析與行爲主義，均將人的行爲與某些必須性關連起來；倘若我們相信進化論，且把人類的發展與其分子結構內的DNA（編按：脫氧核糖核酸）與RNA（編按：核糖核酸）的演變掛上鈎，則人便連思想或心靈空間也不可能說是完全自主、非預先受制約。關於這一點，筆者推薦一本對我頗具震撼性的書：Jacques Monod, *Chance and Necessity: An Essay on the Natural Philosophy of Modern Biology,* trans. A. Wainhouse (Glasgow: William Collins Sons, 1977).

在有關自由的問題上，哲學家是很難否定若干程度的預定論(Determinism)的。問題端在於在肯定預定論的同時，可否有空間來容讓人的自由存在。換言之，他們努力要說明的是人的自由可與預定論並存，但卻不是正面地證明人是自由而非預定的。有關自由與預定的討論，可參 John Hospers 的導論引介，及其推薦的書目。John Hospers, *An Introduction to Philosophical Analysis.* Revised Edition (England: Unwin Brothers, 1984), pp.321 ~ 348.

第三章

在人類歷史中的計劃

倘若在詮釋個人的具體事件背後的上帝旨意也遭遇如斯困難，那要詮釋客觀的歷史事件，就已發生的天災人禍求個合理的、屬靈的答案，又或者就人間的紛紜現象、是非成敗，來識別出上帝的作爲，顯然就更爲艱巨了。

無力的神義論

先說一件與我們較爲切身的例子。八九年六月中旬，我從加拿大念完神學回港，那時恰巧是在「六四事件」發生後不久，整個香港都在悲憤哀慟中，不少基督徒曾於事件發生前切切爲中國、爲天安門廣場外的學生祈禱，求上帝介入保護他們，但結果卻完全令他們失望。於是乎，他們的信仰出了危機，不少人都在問上帝的作爲在哪裏、上帝在整個「六四事件」中有甚麼計劃與旨意。爲了適切弟兄姊妹的需要，我在短短個多月裏，便接二連三在教會的講壇上聽到不同版本的神學詮釋，許多傳道人在努力合理化整樁事件，要在荒誕與暴虐中找尋若干正面的意義，好證明它仍可以出自一位既慈愛又全能的上帝的手。他們一方面要堅固信徒的心，認定上帝仍在統管一切；整個中國的路向、爲中國的民主自由拋頭顱灑熱血的青年，以至那些我們看來面目猙獰的中國領導人，都還在上帝大能的布置與管轄之下。如聖經所說：「王的心在耶和華手中，好像隴溝的水，隨意流轉。」（箴二十一1）上帝仍是慈愛公義的，上帝仍在掌權作王。如此，與其說他們在爲「六四事件」本身做神學解釋，不若說他們在做「神義論」，即爲上帝開脫責任。

基於他們一貫將上帝的作爲局限於傳福音救人靈魂之上，認定上帝除了推展救贖計劃外甚麼都不管，於是乎很自然便也將傳福音救靈魂的理論框框套置在「六四事件」之上，藉此來解釋上帝的作爲與計劃。我曾在一本書上記述了這麼一段：

> 有些人仍企圖將整個民運事件硬套在讀經祈禱傳福音的框框裏，於是便產生了如下的理論：「六四事件」是上帝對中國的警告，叫中國人不再如過

> 去十年般只沈溺在追求物質生活的事上，從而發現生命的虛幻，也重新關心屬靈的需要（版本一）；當看到天安門廣場那班青年的慘死時，我們更惋惜他們在未信主前就失喪了靈魂，要到地獄裏受刑，於是更激勵我們傳福音的心志（版本二）。[1]

這些筆者稱爲「廉價的神學詮釋」之不能教人滿意，除了是它們將一個複雜多層面的現實，簡化爲一個單面的直線邏輯，以致將現實及掌管現實的上帝嚴重扭曲（上帝只管人的靈魂得救，漠視人間一切困苦悲情，祂會犧牲熱血有理想的青年的性命，用以激勵警戒我們去傳福音……），完全沒有解釋及代表現實的能力外，更糟糕的是，爲求爲上帝的全善全能作申辯，他們竟然將一個原來荒謬不合理的現實也合理化了。要是荒謬不合理的現實爲上帝所命定，且是基於某個更神聖、更崇高的理由來命定，那人還有甚麼抱怨的餘地？人還有改變荒謬不合理的現實的權利嗎？上帝旨意既下，人便只好順服認命了。於是乎，若一切現實均爲上帝所命定，人惟一可以做的便是接納現實、歌頌現實，爲再荒謬的現實塗脂抹粉。

我彷彿聽到《卡拉馬助夫兄弟們》的一段

雄辯：

> 我要求你，請你回答：假使你自己要建築一所人類命運的房子，目的在於最後造福人類，給予他們和平安謐，但是爲了這必須而且免不了要磨折單單一個小小的生物，就是那個用對小拳頭叩擊胸脯的嬰孩，在他的無可報復的眼淚上面建造這所房子，你答應不答應在這個條件之下做這房子的建築師呢？請你直說，不要説謊！[2]

這是伊凡對阿萊沙的質詢，也是歷來對「神義論」的其中一段最有力的質詢。

要是我們恆常將上帝及其某個神聖命令推至絕對，以致將人間的一切，包括人的價值、追求、夢想、感情，統統予以相對化，甚或全然否定掉，則人間再沒有任何東西可有存在的意義，再值得爲之哭爲之笑，甚至連哭與笑的合法資格也沒有了，基督徒便只好心如止水，洞察諸事皆如鏡花水月，無嗔無怨。與搶救靈魂的神聖任務相比，嫁娶有意義嗎？升職有意義嗎？當然沒有！（更甭提關懷社會、承擔公務、競選議員等「俗務」了。）與上帝的絕對正義相較，世間還有人敢自詡爲義人嗎？要是沒有的話，那循規蹈矩的良好市民豈非與作奸犯科的大盜同等不義，或頂多是九十九步與一百步之遙的差距？就這樣說，便好人壞人、聖賢小人，統統蛇鼠一窩了；一切個人修養、道德操守、克己自制的價值，也盡皆不值一文了（我們傳福音時，爲了要證明人人皆罪人，最喜歡做這樣的推論）。若將「上帝旨意」的大帽製出來，人便任憑再荒謬無理、殘暴不仁的現實，也得怡然接受，不能辯屈，不能抗議，別說討價還價，連吭一聲的權利也沒有呢！在上帝及其神聖命令的壓倒性優勢下，人間一切事物皆如糞土；在無限面前，任何數量也等於無有。

上帝的無限若要藉否定人僅有的尊嚴與價值而獲致，就像我要依靠不斷羞辱我三歲大的女兒，以豁露她的幼稚無知來對照我的智慧一樣，本身就是荒謬可笑的。這樣子的宗教信仰，也必然是非人的：否定人性、壓逼人。[3]

那些主張上帝可以爲了祂無限美善的計劃得以開展，而必須刻意促成一個無辜的嬰孩犧牲的說法，是對是錯尚可再議，[4]反正有些關乎人生的各樣遭遇的奧祕，是要等待與主面對面時才得分曉的，但要這樣提出來，就很難不教人噁心厭惡，感情上排斥反感了。一個嬰孩的性命果眞不值錢嗎？可以任意用來做爲工具或注碼犧牲掉嗎？爲甚麼他偏偏被選中，在人間扮演受害者的角色，好彰顯人的不義及上帝審判人的合理性？爲甚麼他要成爲人間的陰暗面，好對照其他人的光明（曾有人推論說，上帝宛如一個畫家，在其爲人生繪畫一幅美麗的圖畫時，必要光明與黑暗兼具，才襯托出整幅圖畫的完美，故黑暗乃是必須的）？生命果眞可以用別的生命來抵消補償，以致我們能爲失掉一個、賺回五個而慶賀嗎？[5]

基督徒恁地再屬靈，也僅僅是人，並不是上帝。**我們可以安慰鼓勵在苦難中的人對上帝保持不變的信心，深信有一日祂會爲我們解開心中的疑團，消去我們各樣的不平與忿懣，但卻不能扮演上帝，代表上帝去指出苦難的因由，或爲原來荒謬不可解的苦難賦予宗教的解釋**。人既無資格，也無能力爲上帝辯護。神義論對苦難的世界並無任何裨益，甚至它本身比苦難還要荒謬，約伯的朋友可資作爲我們的鑑戒。

苦難的荒謬性

神義論的荒謬處，在於它爲了要在無理的苦難世界中爲上帝的合理性作辯護，不可避免地便將苦難本身也解釋爲必要的、合理的。如此，它將無法正視苦難的荒謬與無理的本質。

基督徒可以（或必須）拒絕接受存在主義者對世界的荒謬性的論斷，但卻無法（也不能）否定在人間橫行肆虐的苦難的荒謬性。我們可以爲這些苦難的存在賦予各樣的解釋，例如指出它們是由上帝而來、由撒但而來，抑或由人的罪性而來，但這些解釋的存在，並不因此便使苦難變得有理由了、合理了。對於一羣悲愴地凝望著被火山灰淹沒了家園、活埋了親友的菲律賓人，我們告訴他們火山爆發是由於始祖犯罪，大地受了詛咒又有甚麼意義呢？難道創世記三章 17 ~ 18 節果眞可以使火山爆發及其肆虐變得理直氣壯？

提到苦難的荒謬性，筆者很自然便聯想到法國作家卡繆 (Albert Camus, 1913 ~ 1960) 的《瘟疫》(*The Plague*) 一書。一個擁有二十萬人口的城市，突如其來遭遇一場黑死病的襲擊。由於人們對這個無法治愈、但又傳播極迅的致命絕症束手無策，只好坐困危城，面對著無法逆料、不能控制、無堅不摧的生存威脅。瘟疫對他們而言，代表著邪惡、暴力、分離、剝奪、死亡等絕望的情景。人們對整個災難一無所知，卻又假裝有所認知，爲之添加各樣的詮釋。他們爲面臨著的災難作各樣假設性的布署和張羅，但至終仍只能是接納命運的擺布和播弄：被死亡吞噬。苦難作爲一種暴力，是完全荒謬、無意義的。[6]

當荒謬的苦難硬生生的插入人類生活時，人原來艱苦經營出來的意義網絡乃被撕破，昔日虛假的自信與安全感潰散，人被逼暴露在冷酷的無意義的命運之下，赤裸裸的不得遮蓋。如此，人在生存危機之餘，尚面臨著意義的危機。不同的人於此有不同的反應。《瘟疫》一書裏，便記載了兩個主角的不同掙扎與信念。第一個是潘尼洛神父，代表著宗教對苦難的回應。他致力援助在困苦中有需要的人，並給予各樣可能的安慰與支持；他誘導他們去思想苦難背後的神聖含義，譬如主張瘟疫是上帝對人罪惡的審判，用以激發人悔改歸回。[7]要是人在感情上難以嚥下上帝的安排，也必須運用意志將自己完全交給上帝的意志；換言之，人寧肯否定自己的感情、意志、思想、任何對外在世界的主觀反應，也不可放棄信仰。[8]不過，這並不意味著潘尼洛神父便鼓吹人只能逆來順受，被動且消極地接納一切現實，他仍然努力地服事上帝及周圍的人，並視之爲上帝給予他的不可推卻的神聖責任。他最終也因染上瘟疫而逝世（不，應是「殉道」）。

第二個主角是李爾醫生，他是卡繆本人的代表。他勇敢地正視苦難及其荒謬性，不企圖去爲之添加各樣神聖或世俗的解釋，更拒絕以上帝旨意作爲簡易的出路。他接納客觀命定的環境，卻不認爲其可以主宰個人的意志，人仍要爲反對天命而奮鬬。這並不是說他因此便自詡爲上帝，他知道人力的限制，不認爲自己有辦法扭轉乾坤，但卻相信人必須永不放棄奮鬬與對未來的期望，而惟有人認定對未來的期望、仍經歷到自身目前的奮鬬，人才不會被絕望的困境吞噬。李爾醫生是徹底人本主義的（從他身上我看到儒家的影子），他不徹底否定上帝的存在，但是只將注意力放在人間及其問題之上，努力盡人的本分。他並不自信認爲人在與命運的戰鬬中至終會獲取勝利，卻認定人惟有在堅持戰鬬、拒絕投降中，才彰顯人性的尊嚴與美善。9

兩個人儘管在服事人羣，勇敢地面對死亡與疾病的威脅上完全一致，且並肩作戰，但對於如何解釋苦難的來臨一事，雙方顯然便有嚴重的分歧。一次當他們親眼目睹一個小孩子痛苦嘶叫，最終死於瘟疫後，在憤怒與反感之餘，潘尼洛神父表示：他雖然承認該事令人反感，及超乎人類理解之上，但是，他仍認爲「也許我們應該去愛那些我們無法理解的東西」。但李爾醫生卻拒絕這樣的結論，甚至反駁他說：「一直到我死那天，我都會拒絕那種連兒童也要加以折磨的東西。」10他至終拒絕神義論，也拒絕在神義論保護下的上帝。

作爲基督徒，我當然站在潘尼洛神父的立場上，但在心底裏，我卻必須承認尤其是在苦難中，兩個立場與取向都同時是既合理又自然的。我會爲一個經受荒謬的苦難折磨後的基督徒的絆倒而哀傷惋惜，但總得承認他的抉擇是理直氣壯的。我可以向對方羅列許多在苦難裏因持守信心與盼望而最終得見上帝的面的「喜劇」例子，惟是若他冷峭地反詰：那些爲數更多沒有上帝顯現的經驗又如何？要是我至終感受不到祂的愛與存在又如何？我將無語。信仰在其至深處，無論如何也是個人的頓悟與體味呢！

不管我們將會作何種的態度取向，對苦難的態度仍應該是一致的：悲傷、反感、憤怒。因爲苦難是如此無情又無理，也超乎我們的理解能力之外，以致我們不得不在感情上排斥它。在個人層面，我們倘可靠賴聖靈的啓迪及過往的信仰經歷，而領悟到當前的苦難或有的屬靈含義，譬如上帝是否藉著這個苦難來試驗鍛煉我，我是否因犯罪而自招罪尤，上帝是否仍在苦難中與我同在……但這樣的領悟只能在個人層面有效，應用在別人身上，便常有困難了。**我們可以善意及帶愛心地與對方一起尋索苦難臨頭的屬靈含義，但總不能越俎代庖地代**

對方逕下結論，宣告苦難的因由。[11]畢竟受苦是很個人的感受，對苦難的反省與回應也只能是個人的。而在集體的苦難（如天災、戰禍等）裏，由於牽涉太多無辜者在其中，每個人的屬靈景況又不盡相同，則要尋找苦難背後的屬靈含義，便幾乎是不可能的了。[12]集體的苦難必然是無理的，任何爲火山爆發、地震、颱風或人爲的戰火、暴政尋求合理的神聖理由，聲稱上帝旨意在那裏，以致使集體苦難變得有道理的做法，本身也都是荒謬的。要是我們失卻對苦難的悲傷與反感，無論這個失卻是基於多麼崇高的信仰原因，也是非人的，其本身亦同樣是荒謬的。

我們活在一個充滿著苦難的世界裏，戰爭、貧窮、饑餓、人權被踐踏，充斥著地球大部分的角落。據美國人口危機委員會的分析，全球有四分之三的人口陷在極度苦難與高度苦難中，[13]這包括中國大陸在內。當然，苦難是一個既客觀但又主觀的感受，是很難用基本方程式來量化處理的，一個過著清茶淡飯的生活的人，也不一定要整天愁眉苦臉，憂郁度日的。但是，單從過去十年嚴重的天災的頻密程度及死亡人數，[14]以至在一九九二年單單一年內，非洲的索馬里便已有三十多萬人餓死來看，主觀及客觀意義皆同時存在的苦難仍是極其眞實的。荒謬而又非理性的苦難正蹂躪著整個世界，教人感到憤怒與作嘔。

我們難以在一個苦難充斥的世界裏，簡單地識別出上帝的旨意和計劃。上帝的主權與全善，與世界的荒謬無理，始終是在强烈的張力之下。

難斷是非的世界

苦難的存在並不是難覓上帝在人類歷史裏的計劃的惟一原因。事實上，儘管所發生的事件並不牽涉嚴重的天災人禍，我們也還是難以分辨箇中的上帝旨意，了解事件背後的神聖理由。

正如前章所提，從極廣闊的意義看，正因爲上帝照管一切，人間所有事情，不論大小，倘非有祂的准許，都不可能發生。那麼，我們也可以說凡是發生了的都是上帝的旨意，至少是屬於祂的消極意志的範圍內。但這個說法只有信仰告白的意義，並沒有爲我們的思想及行動帶來任何實質的指引。因爲，就算我們認定一切已發生的事情皆已得到上帝的准許，我們還得進一步地問：面前的事件是屬於上帝的積極意志，抑或是消極意志呢？上帝之所以容讓此等事情發生，背後是否基於某個神聖的理由呢？這個神聖理由是甚麼？換句話說，我們必須從上帝個別容許發生的事件之上，湊合出一幅全面的圖畫，好明白上帝在人類歷史裏的計劃。單單知道上帝容許某事發生是不足夠的，我們還得知道上帝爲何容許該事發生。

確認上帝在事件背後對我們的心意計劃，是非常必要的，它將影響我們面對該事件的態度（接納抑或抗拒），以及回應事件的方式（順受抑或改變）。舉例說，我不幸染上了某個頑疾，我知道若不是上帝容許，此頑疾不會臨到我身上，但是，在知道這個以外，我尚要求問上帝，容讓我身罹頑疾的原因所在。因爲，若上帝讓我得病的原因是要我學習對祂的順服和忍耐，則我便應怡然接受一切的擺布，爲頑疾及背後的上帝安排感謝上帝，並且聽天由命，佇候上帝自行發落，連尋求醫治也不要做了，何必逕自張羅，妄行造作呢！（在筆者的朋友裏，確是有人持守這個態度的，他們連看醫生也認爲是對上帝沒有信心的表現。）要是我認定頑疾並非出於上帝的積極心意，則就算尚未清楚此事發生背後的神聖理由（我家一對寶貝兒女每月平均染恙一次，我總不能每次都尋出箇中的神聖理由吧！），我還是要千方百計，用盡辦法去治愈他們。

確知一件事件背後的上帝心意，除了影響我們對該事件的回應態度外，也關乎到我們如何爲該事件作價值判斷。這一點對充滿道德感的基督徒尤爲重要。要是我們認爲上帝只是在其消極意志裏容忍其事發生，祂不是主動促成該事件的元兇，則我們尙可自由地運用良知及理性對其作價值判斷，指出它是合理抑或不合理，公義抑或不公義。但要是我們認爲一切無非出於上帝的積極計劃，那上帝的神聖理由，自然壓倒性地蓋過事件本身的合理和公義與否的價值評斷，再也難評說是非了。譬如說約伯在知道他所遭遇的不幸是出於上帝主動的安排後，縱然他仍不明白此安排背後的原因何在，他也立即收斂原來的不平與忿懣，謙卑地接納自身的無知，及上帝任意的安排。「我所說的，是我不明白的；這些事太奇妙，是我不知道的。」（伯四十二3）詩人也有同樣的心情：「因我所遭遇的是出於祢，我就默然不語。」（詩三十九9）

茲記述一件令我印象深刻，與此課題有關的事。有次在某場合，我跟一位治中國教會史的專家吵了一場大架。事緣在該次聚會裏，他聲稱中國在近百多年間之所以屢遭劫難，尤其是經歷帝國主義的入侵，完全是基於中國人的罪惡招來的。中國人愚昧頑梗，沈溺於偶像崇拜中，既狂妄自大地拒絕西洋文化，更拒絕福音眞理。於是乎，上帝便藉著基督教國家的船堅炮利，强硬闖關，來逼使她打開福音大門。帝國主義侵華是基督教傳播的工具，也是上帝救贖的計劃。當下我怒火塡膺（那時尚年輕呢），便站起來駁斥這個說法，我完全不能接受這樣的歷史解說。

爲甚麼不能接受？第一、主張帝國主義侵華是基督教傳播的工具，與馬列史家一直以來認定基督教是帝國主義侵華的工具，在基本論調上並無二致，兩種說法都是將基督教傳播與帝國主義侵華兩個原爲各自獨立，只是在時空上偶爾湊在一起的事件，視作一貫的、有必然的關係。換言之，帝國主義侵華與基督教傳播是同一計劃的不同階段（孰先孰後尚可再議），不管這個計劃是由上帝所訂（基督徒版本），抑或由人——即帝國主義者——所訂（馬列史家版本）。第二、這種說法也嚴重地混淆了對歷史事件的客觀評斷，將人間的罪惡以宗教的名義（或直接奉上帝之名）來予以合理化神聖化，將糅合了政治社會經濟等複雜因素的事件簡單化。如此，帝國主義侵華就由商業戰爭變成宗教戰爭——甚至是基督與敵基督之戰了。如同前面所提的，在福音傳播此大使命的神聖帽子之下，一切人間的價値，皆變得相對化且不重要，管它是否傾銷鴉片，管它是否將別國淪爲殖民地，反正國家主權、民族自主等等，統統是沒有永恆價值、終極意義的，即或失去也微不足道、不值一提。神聖的目的合理化不義的手段。第三，這種說法亦挫傷了中國人的民族感情，要是它僅是出於宗教上個人的自損自抑，說中國人必須在上帝面前嚴肅認罪（這句話是俟百世而不惑的常識，永恆通用的）倒無傷大雅，但若出自一個客觀的歷史論斷，便非常荒謬了。在人類歷史上，沒有幾個民族的罪惡可以比得上那些所謂「基督教國家」的：歷代對猶太教徒及其他異教徒的逼害，英、法等國的奴隸貿易，美國西漸運動時期殺害超過一百萬原住民（即我們俗稱的「印第安人」）。中國人有罪嗎？當然有，但不見得比英國人爲大。[15]說帝國主義侵華是上帝對中國人的罪惡的刑罰，就是逼使所有有良知血性的中國人與這樣子的上帝，及帝國主義者的宗教徹底割蓆，兩無相干了。[16]

在我侃侃地反駁了他的觀點後，那位中國教會史專家瞪著眼詰問我：「那你如何解釋這些已發生的事？」當時我也瞪著眼回應說：「我不知道！」我寧願承認自己對已發生的事件的始末原由的無知，也拒絕將一切已發生的事都合理化、神聖化，視作上帝主動的意志。

事實上，上帝在歷史裏的計劃的確不易由具體的歷史事件求得，除非我們簡單且籠統地將一切已發生的事都視作上帝主動的意志，否則便難以正確識別出上帝的旨意。其中最大的困難處，端在於如何就一件事件作出全面而公允的裁斷。一部虛擬的小說可以清楚區別出好人與壞人，並且描述上帝如何幫助好人、剷除壞人，教善有善報、惡有惡報。但在現實生活裏，好壞善惡倒不是那麼一目了然的，雖不敢說所有價值均相對至無對錯善惡可言，至少也不會是黑白分明，毫不含糊的。特別若一樁歷史事件牽涉至超過一個民族或國家或社羣在內，其中各自又有複雜而悠長的歷史背景，則要作出任何是非對錯的評斷，便非常吃力不討好了。

學例說，二十世紀的一件劃時代的人類悲劇是在一九四五年，盟國首次用原子彈轟炸日本的廣島和長崎，造成大量人口的傷亡，禍貽超逾兩代人。日本對此災難自然是耿耿於懷，除了設紀念館以銘誌其事外，又在每年舉行追悼會以追思死難者。一位英國學者加理森(Jim Garrison)乃就此次原子彈的爆炸事件，作了一個非常深刻的神學反省，其中特別提到上帝在歷史中的計劃的兩面性：祂既是慈愛的恩眷者又是末世性的審判者，既是理性的上帝又是悖論 (antinominal) 的上帝。[17]平情而論，這是一本寫得極其細膩深刻的神學著作，其所討論的課題不限於廣島事件，乃是對一個面臨核子戰爭及集體屠殺的時代而作神學反省。但抱歉筆者要說，作爲一個念歷史的中國基督徒，我實在很難對此書有太大的共鳴，反倒由心底裏禁不住流露出來的抗拒與嫌惡卻是壓倒性的。主要原因是，我仍深深牢記著日本在八年抗戰期間侵華所造成三百萬名以上同胞的死亡，大片江山被蹂躪。並且，這可不是一句凡戰爭必有傷亡、兩國交鋒就免不了死傷破壞的中庸說話便推搪解釋過去。倘若我們對近代史不太陌生的話，便當知道日本乃早至甲午戰爭之前起，數十年來便一直處心積慮地逐步要蠶食中國。完全隻字不提日本的兇殘不義，單言核子戰爭的禍害，便難免教眞正徹頭徹尾是受害者的中國人感到噁心和憤怒了。對我而言，當然我不清楚了解上帝在整個日本近代史的旨意，但與其說廣島事件反映了上帝的非理性，不若說是上帝對日本的合理而正義的審判，且是爲受苦千倍百倍以上的中國人（還不計韓國人及東南亞的國家的人民呢！）伸冤復仇。筆者知道，日本人一定不會同意以上的看法，其他英美國家的人也不一定能共鳴箇中的感受，因爲「是非自有公斷」一語，在具體的歷史事件中常是無法落實兌現的。

我們身處在一個極其複雜的時代裏。二次

大戰後第三世界國家的民族主義勃興，紛紛謀求擺脫殖民主義的羈纏而獨立。冷戰時代開始，以美國及蘇聯爲首的東西方兩大陣營，使世界分成兩個對立的勢力圈，綿延四十年之久，及至蘇聯及東歐的共產政權相繼解體，社會主義國家千瘡百孔的社會經濟問題浮現，而要由集體經濟轉變爲市場經濟的道路又漫長艱難得似乎遙不可及。相對另一廂，美國巨大的軍事力量無法掩蓋其經濟正走向下坡的事實，歐洲（特別是德國）與日本的力量增長，已逐漸地挑戰或要求獨立於美國的領導地位之外。於是乎，人們方才發現，過去簡單地將事物二分、一切價值也二分（資本主義抑或社會主義、民主抑或獨裁、開放抑或封閉）的做法並不足以解釋現代世界的多元化事實。[18]冷戰時代結束後，以意識形態來做爲國家分野的標準失效了，經濟掛帥成了大多數國家的外交政策的指導性原則，理想主義與國際主義隨之而失色隱退。[19]在這種情況下，已沒有太多的思想與價值足以與民族主義相抗衡，極端如德國的新納粹主義的排外心態，以至一個國家裏不同的民族鬧獨立分裂，都足以說明民族主義無堅不摧的力量。就實踐言，民族主義較易傾向強調民族傳統與文化的差異，藉此抗拒人類共同信守的普遍價值（諸如自由、人權、法治）的輸入，並且爲了集中資源發展國家的軍事與經濟實力，民族主義往往也會排斥自由主義與民主政制，而趨向獨裁政治。[20]這樣，民族主義乃爲今天的國際政治增添了許多不穩定及非理性的元素。

隨著民族主義情緒的高漲，及多元化的趨勢，[21]要爲國際事務及糾紛作是非對錯的評斷，愈來愈不容易。因爲任何爭議，都有多過一個角度的評鑑可能，站在不同的民族立場和政治取向，便會得出截然不同的看法。九一年的海灣戰爭，正是一個甚具代表性的例子。雖然西方輿論一致將伊拉克總統薩達姆·侯賽因描繪爲無惡不作、野心勃勃的侵略家，美國總統布殊打的是一場正義之戰。但在深入的分析下，起碼我們需要知道，阿拉伯——伊斯蘭文化的倫理道德觀念與是非標準，不一定認同西方的國際政治原則。[22]而美國在一手扶植薩達姆，用以抗衡伊朗的回教原教旨主義的擴張多年後，又因恐懼失去對中東石油資源的控制權才發動戰爭，也不過是以實利爲考慮的權力戰爭而已。公平與眞理何在，實在不易斷說。[23]

海灣戰爭如是，南斯拉夫的內戰如是，一切國際危機莫不如是。

隱藏的上帝計劃

要是我們難以爲歷史與時事問題作出人間的價值裁斷，那除非上帝親自啓示以彰顯其內蘊於歷史事件內的神聖旨意，否則便幾乎無法在複雜紛亂的歷史現象裏，尋出上帝心意和計劃。

在聖經裏，我們淸楚看見上帝在歷史裏的作爲。這些作爲部分是以神蹟的方式硬生生地插入人類歷史裏的，諸如其藉摩西引領以色列人過紅海出埃及（參出十五 1 ~ 18 的摩西之「大海之歌」），但也有些是藉著自然的方法，即在事件的發展的現象看並無任何神蹟之處，惟卻是上帝暗地裏改變人心而造成的，諸如波斯王古列容讓以色列民重返故地建造聖殿（參代下三十六 22）。無論如何，由於聖經作者得到上帝的啓示，故不管有沒有神蹟發生，他們也可以看到在事件的現象 (physically happened) 背後眞實的情景 (actually happened)，也就是上帝的作爲所在。

問題是在缺乏上帝直接啓示的情況下，我們該如何考究上帝在歷史裏的作爲，好識別出祂的整體計劃呢？一般而言，最穩妥的方法是將上帝放在正義的一方，即認定一切好事均是由上帝促成的，一切壞事則或是人爲的結果，或是由撒但所促成的，這就是我們常說的「上帝全善」(*summum bonum*)及「罪乃善的虧損」(*privatio boni*)的教義。[24]這種做法是否必然符合上帝的事實，也是否足以充分地描述世界的弔詭性倒在其次，最要命的是如前所說，我們根本無法就事件的現象作出公允的價值裁決，連是非對錯也不易說清，那麼，又怎能進一步妄行將上帝置在任何一方，彷彿可以爲眞實的情景作說明呢？倘若我們將上帝編配在不義的一造，豈不是污蔑了上帝，也使基督教蒙上不白之冤？[25]

當然，在聖經裏記載的上帝也可以施行人眼中看爲不公平的事情的，譬如聖經曾清楚提到上帝造光又造暗，既施平安又降災禍（賽四十五7），祂可以使用天然災荒（如摩四6～12）及列國的兼併侵略（如賽十6～14）來踐行自己的計劃。上帝的義是不能由人的義來量度的，人不能推己及上帝，勉强上帝接納人自行訂定的慈愛與公義的標準。不過，由於聖經是上帝啓示而寫成的，故儘管我們不一定能理解，也不必然在感情上認可這些作爲，我們亦不敢懷疑它們的眞實性，頂多是做做神義論，爲這些貌似不公平的事件與上帝一貫的公義慈愛作調和諧合的努力吧。但對於那些上帝沒有明言是祂自己主動作爲的歷史事件，要是我們無法明確地斷定是非對錯，或已確知在這次事件中有若干罪惡的成分，而要決定其為上帝的作為，就眞的非有很大的勇氣與冒險精神不可了。要進一步在片段的歷史事件中間，拼湊出一個整全的上帝計劃，我看除了狂妄及無知的人外，任何人都不應如此做。

也許有人會主張，尋索上帝的作為不應採用對現實事件的觀察、分析、歸納的方法，因為這只會引來無窮的爭辯與分歧，反正人言人殊，終難求出眞相。我們反倒應採用中世紀通行的「唯實論」(Realism) 的方法，即直接探問上帝的心意，由上帝的啓示來觀照宇宙萬象，而非由宇宙萬象去推敲上帝的心意。換言之，對現實世界的現象（所謂「殊相」[particulars]）的觀察並非獲致眞理的方法，只有先把握眞理的源頭，也即現象背後的究竟（所謂「共相」[universal]），眞理便豁然開朗、水落石出。掌握著終極眞理的鑰匙，即不觀察現實世界，也可以了然於胸。

更正教的唯實論者，由於秉承「惟獨聖經」的傳統，也不像奧古斯丁傳統 (Augustinian tradition) 般對人的理性有能上接天心般的樂觀的看法，故只主張一切眞理乃藉查考上帝明確的啓示：聖經而得。冥想 (contemplation) 作為尋求上帝旨意的方法，倒是他們用不上的。不過，縱然在如何查究上帝旨意的途徑上有不同的主張，更正教的唯實論者仍與中世紀的唯實論者一樣，相信由上而下、由觀念入現實、由普遍至特殊的求知方法。他們查考聖經，不僅認爲內裏有永生，也認爲內裏擁有一切人間的知識，朝代興衰、人事更迭，盡在聖經中。

由於聖經事實上並非一部百科全書，蘊藏宇宙人生所有眞相。聖經縱然也有許多關於未來的預告，但這些預言卻是以頗爲隱晦的語言來敍述的。故此，**更正教的唯實論者不可避免地便陷入解經上的重重困難。他們並非眞箇如其所聲稱的自聖經中獲知現實的眞相，卻僅是在確知現實眞相以後，才事後孔明地解說聖經原來早已預言了這個**。舉例說，那些末世預言的解經家（解籤家）豈不曾指出蘇聯就是以西結書所言從「北方的極處」下來的軍隊，並且認定「聖經早已指出蘇聯一定會來一次軍事大賭博」，奪取中東政權嗎？[26]在八十年代他們甚至連前蘇聯總統戈巴卓夫前額上的胎記也拿來大做文章，指爲即是啓示錄所言的獸的印記（啓十三16）。但如今蘇聯解體了，戈巴卓夫也下臺了，我們只聽到不斷有修正前說的「增訂本」的預言解碼，[27]卻從不曾聽到有人爲他們的謬解聖經、預言不靈驗而公開致歉。一個有趣的現象是，**永遠是在時代最爲動盪的**

日子，就有新興的解籤家起來，作「後知」（而非「先知」）的解碼工作。[28]筆者敢在此大膽而決絕地斷稱，除了一般性的常識外，這些解籤家並未眞箇從聖經的預言裏推敲出過往任何一個具體的歷史事實。[29]唯實論者並非如他們所言，果眞從上帝已啓示的聖經裏求得上帝在人類歷史裏具體的作爲，或識別出上帝整體的計劃。[30]

在二十世紀，上帝於人類歷史裏惟一較爲清晰而又引起較少爭議的作爲，是在一九四八年以色列的復國。不少基督徒均興緻勃勃地指稱這是二十世紀最偉大的神蹟，是二千多年前聖經預言應驗的一大證據。時代論者更進一步認定，以色列復國是末日將臨、基督快要重回的一個重要徵兆。[31]雖然筆者對此說法仍有相當的保留，也不大接納時代論者的釋經方法，但至少也承認這是其中一種合法對聖經的詮釋，並且，也確實沒有方法否證以色列復國是如耶穌說無花果樹發嫩葉般的聖經預言應驗的說法。故此，我們暫且承認以色列在亡國二千多年後得以重歸故里、重建國家是上帝的作爲，也是上帝在人類歷史裏的計劃。[32]

但是，縱然我們可以按下以色列復國與聖經預言的關係的神學爭論不談，巴勒斯坦問題本身仍不是一個簡單的是非黑白的問題。二十世紀中，在英國及繼後的聯合國一力促成，配合著二次大戰納粹德國殘酷屠殺猶太人所造成强烈的懺悔贖罪意識，[33]猶太復國主義運動(Zionism)乃得以在戰後迅速圓現其多年夢想，這是一個特殊的時空及特殊的情勢下的歷史產物。撇除它是否上帝的旨意不論，以色列的復國無論在文化、民族，以至國際政治上，都不見得是一個公平及正義的決定，至少它爲原來世代居住在該塊土地上的巴勒斯坦居民帶來了長期且致命的浩劫。[34]巴勒斯坦問題糾纏不休數十年，嚴重威脅到中東地區的和平穩定；以、阿四度戰爭，帶來了更多的傷亡與破壞。基督徒當然可以振振有辭地認定以色列建國是上帝的計劃，故巴勒斯坦人無論景況如何悲慘，也不應有所反抗，否則就是抵制上帝的計劃，淪爲撒但一伙了。我們在一切以、阿衝突中毫無保留地站在以色列的一邊，不認爲她公然破壞一九四七年聯合國的巴勒斯坦分治協議（且不討論這個分治協議是否對阿拉伯人公平了！）、長期佔領耶路撒冷及約但河西岸地區，且不人道地對待佔領區內的巴勒斯坦人等等，有任何不合理之處，反倒對巴勒斯坦人的反抗，包括在正途無法通行下的「恐怖活動」大肆抨擊。我們的信仰詮釋掩蓋了一切歷史事實，無視了任何國際公義的原則（當然，從永恆及上帝的大帽下，這一切都是相對至無意義的！）。無怪乎大多數阿拉伯人都要淪爲敵基督的集團了，因爲不是在他們拒絕基督信仰上受詛咒，卻是在他們拒絕爲基督徒版本的、上帝歷史計劃裏所編派的歹角一事上受永恆的詛咒呢。

我們必須嚴肅地問：**人是否眞能在任何具體的歷史事件中，確認出上帝的計劃和心意？我們能否代上帝設置審判臺，好判定人間複雜紛紜現象的是是非非，並將某個事實神聖化爲上帝的旨意，又飭令在該事件中受苦（或自覺受苦）的一造順服上帝的計劃，乖乖不予反抗？**

人果能扮演上帝，果能藉推敲聖經預言而得出破解上帝歷史計劃的密碼？

筆者對以上問題的答案，是堅決的：「不！」

註釋

1 梁家麟：《激流中的委身——國殤後看彼得前書》（香港：卓越書樓，1990），頁ii。

2 杜斯妥也夫斯基著，耿濟之譯：《卡拉馬助夫兄弟們》（臺北：遠景出版社，1977），頁299～300。

3 當然筆者這樣說，並不意味著要建立一個人文主義的宗教，甚至將上帝拉落凡間，使之變成人間的偶像，不許祂有自己的思想，只要祂按著人的喜好夢想來運作行事，如同費爾巴哈所說的：人按著其形象來創造上帝。我們不要藉否定人間的有限來成全上帝的無限，便也不應藉限制上帝的無限來湊合人間的有限。自由主義神學的荒謬處就在於此。他們將一切原來皆爲合法的人間理想（自由、民主、解放、兩性平等……）無限化絕對化，視之等同天國、等同上帝旨意，甚至聲稱他們爭取人間理想的行動本身就是上帝的彰顯。他們也不容讓上帝不按照人間的議程，自由地啓示該等理想以外的東西。他們的做法，正是一方面將自己的理想和行爲無限化，另方面又將上帝有限化偶像化。

4 有人可以爭辯說上帝在舊約裏曾直接主動地發動多場戰爭，藉此來促成祂拯救以色列民的計劃；祂甚至爲保持以色列民不受異族的玷污的緣故，而下令將擄獲的戰俘盡行殲滅呢。這些做法豈不也導致無辜犧牲嗎？（有關舊約對耶和華在戰爭中扮演的角色的理解，可參 Gerhard von Rad, *Holy War in Ancient Israel,* trans. and edited by M. J. Dawn [Grand Rapids: Eerdmans, 1991]. 特別是 Ben C. Ollenburger 的前言介紹及 J. E. Sanderson 所編附在書末的詳盡書目。又 M. C. Lind, *Yahweh is a Warrior* [Scottdale, Penn: Herald Press, 1980]. 也是一本極佳的研究舊約戰爭神學的書，尤其作者關注到聖經與今日的時代差距的問題。）福音派神學家對舊約裏有關戰爭與殲滅外族的記述的辯解，可參吳羅瑜編：《是非黑白——今日基督徒與倫理問題》（香港：天道書樓，1979），頁 55 ~ 116；華德．凱瑟 (W. C. Kaiser) 著，譚健明譯：《舊約倫理學探討》（臺北：中華福音神學院，1987），頁 345 ~ 348；Gleason L. Archer, Jr., *Encyclopedia of Bible Difficulties* (Grand Rapids: Zondervan, 1982), pp. 113 ~ 114, 121, 152 ~ 153.

值得一提的是 Raymund Schwager, S. J. 所著的 *Must There Be a Scapegoats? —— Violence and Redemption in the Bible* (San Francisco: Harper & Row, 1987). 作者引用吉拉德 (René Girard) 的以代罪羔羊的犧牲來消去羣體憤怒的理論，來檢視聖經對暴力與報復等觀念的看法。他的結論是，縱然舊約存在著若干無法解釋的苦罪懸謎，及上帝主動引導人去懲罰及殺戮別人的經文，但大致上上帝並非暴力的上帝（頁70）。進一步，他更用吉氏的理論來詮釋基督替死的含義，說明基督作爲一個義者代替不義者受死，並非要藉祂的流血來討上帝喜悅，更不代表上帝的嗜血與不公義。

5 約伯記是討論聖經苦罪觀一本不可或缺的書卷。筆者絕不同意本書是以喜劇結束，「一幅大團圓的場面」的說法（參唐佑之：《苦難神學》[香港：卓越書樓，1991]，頁33）。也許財產與健康的失而復得是樁美事，「耶和華後來賜福給約伯，比先前更多」（伯四十二12）也是聖經的記載。但死去十個子女，重新養育十個子女，怎麼也不能說是收支平衡、兩無拖欠吧！（聖經是否視子女爲個人的財產、生死不足惜，尚可再議，但用來做「神義論」以說服現代人，就眞是荒謬得很了。）

筆者同意龐卡的說法，約伯記顯示的是，不公平或無理的苦難，本身是無法解釋的。（《苦難與盼望》，頁37。）約伯記帶給我們的教訓，與其說是上帝必然在苦難的終結給予我們一個喜劇的結局，不若說是在面對一個充斥著不可解的苦難的世界裏，對苦難無知但仍信靠上帝，是人惟一的出路（參A. S. Peake, "Job: The Problem of the Book", in J. L. Crenshaw, ed ., *Theodicy in the Old Testament.* [Philadelphia: Fortress, 1983], 頁107）。

有關約伯記的各類（特別是非神義論）的

解釋，可參 Tilley, *The Evils of Theodicy*, ch. 4.

6 筆者所讀的是周行之所譯的譯本。卡繆：《瘟疫》（臺北：志文出版社，1972）。

7 潘尼洛神父的一段說話：「但不管情形如何，有一件事決不可以否認，那就是一件我們在任何情況下都必須牢記的事實。無論其外表如何，一切考驗，不管多麼殘酷，其作用都是爲了基督徒的『善』。而且，一個基督徒在這個考驗時刻中所應該經常尋求的，就是辨認出這一個『善』，以及它存於甚麼當中，並且如何去善加利用。」同前書，頁 221。另參頁 103～105。

8 卡繆借書中另一主角的口，道出潘尼洛神父的思想：「當一個無辜的青年能夠被人毀掉雙目時，一個基督徒只有失掉他的信仰，要不就同意把自己的眼睛毀掉。潘尼洛不願失掉本身的信仰，並且自願抱著它一直到底。」同前書，頁 227。筆者頗認同這段說話，在面對著荒謬得教人作嘔的苦難時，基督徒只有兩個出路：或是放棄信仰，包括放棄相信一個仁愛或公義的上帝，以及放棄對苦難的不忍與憤怒（不再面對現實，逃避認知苦難的存在，也逃避承擔無條件的愛的責任）；或是毅然使自己陷入苦難的最深淵中，在那裏取得對呻吟者發出鼓勵與安慰信息的資格，在荒謬的苦難中向自己及身旁的人證明生存意義仍可被確立起來。捨此二途，再無其他出路。

9 這又教我聯想起另一位存在主義哲學家沙特(Jean-Paul Sartre)。他非常强調人的自由抉擇。這不是一種樂觀地相信自由會爲人帶來幸福的信念，卻是認定任憑人再鬬不過命運，自由仍是他不能失去的東西，因爲捨棄自由，他便甚麼也不是了。他在《蒼蠅》一篇小説裏藉主角俄瑞斯忒斯對天神朱庇特的說話：「我既不是主人，也不是奴隸，朱庇特。我就是我的自由！你剛創造我出來，我就不再屬於你的了。」恰好反映這種沈鬱而非天眞的人本主義的思想。

10 《瘟疫》，頁217。

11 我曾在神學院裏聽過一個同學作見證，她長期被頑疾纏繞，一次有人好意勸她，必須爲己罪求恕才得醫治，她感到非常憤怒，心靈也嚴重受創。這恰好是約伯朋友的勸慰的翻版。當然，要是勸告者有確鑿的證據，知道對方曾犯罪，或有從上而來的感動與識見，倒可放膽地如此規勸，但必須小心別假傳聖旨。

12 聖經無疑有集體性的哀歌，就是個人在整個民族遭遇苦難時，代替羣體向上帝訴冤，並藉上帝的啓迪，得知上帝在此集體苦難裏的旨意

（通常就是民族叛逆上帝，故遭天譴），從而得以領受上帝賜予的安慰與賜福的應許。如凱瑟 (W. C. Kaiser) 所說，舊約聖經作者往往是將苦難視作個人性 (personal) 的，一切無非是上帝對他及其民族的憤怒。但是筆者卻不知道該如何將此聖經原則應用在並無集體人格 (corporate personality) 的觀念，既非上帝選民，又與祂並無立約的外邦民族之上。難道我可以說天安門事件或唐山大地震是上帝對中華民族的憤怒的傾注所致？今日菲律賓飽受火山蹂躪又是當地居民不事上帝的結果？我們必須注意聖經例子與今日實際處境的重大差異，不能硬生生照套照用。凱瑟的說法參 W. C. Kaiser, *A Biblical Approach to Personal Suffering* (Chicago: Moody Press, 1982), p.59f.

13 參《明報》1992年6月2日的報道。這個調查是根據人均壽命、卡路里供應量、使用清潔食水、幼兒免疫力、中學入學率、人均收入、通脹、電話與人口比率、政治自由和民權十個範疇，每國在每個範疇中可獲0至10分來評訂。總分是100分，獲75分以上的屬極度苦難，50至74分爲高度苦難。根據此項調查，中國得61分，屬高度苦難；香港與臺灣分別爲29及25分，屬中度苦難。

14 根據 *The World Almanac and Book of Facts 1992* 資料顯示，自八一至九〇年主要地震死亡人數超

過十一萬，受嚴重風災侵襲的死亡人數超過一萬四千，而水災的死亡人數就接近六千人。轉引自「沒有平安的年代」，《香港世界宣明會期刊》1992年3月，頁3～4。

15 當然，有人可以引用哈巴谷書來主張，上帝或會用一個更罪惡的政權，來向祂的子民示警。故一個更罪惡的政權對另一個較不罪惡的政權的侵略，仍可能是出於上帝的旨意。但必須留意的是，這樣子的對歷史的神學詮釋，無論出於上帝的直接啓示，抑或出於一個已虔信上帝的以色列人的自省，也僅是特殊性的例子，我們甚難將之普及化，變作對歷史的常規解釋。就好像我們不會在碰到任何家破人亡的悲劇時，都徵引約伯記來宣稱，這大概又是出於上帝在天庭與撒但下賭注，藉此來解釋悲劇的因由。無疑上帝可以做一切的事，沒有人能狂妄地爲祂的作爲設置框框，在祂沒有甚麼是不可能的，但除非是出於祂直接的啓示，否則用聖經的例子來做爲對歷史解釋的推論(inferential proof，不是證明)，就必須非常謹慎。尤其要提防的是，別將上帝看成爲罪惡的製造者，這是所有改革宗神學家在討論到「預定論」時都有的警惕自覺。並且，我們也不能用哈巴谷書的說法，來合理化一切歷史上出現過的侵略活動，包括過去十年的前蘇聯入侵阿富汗、伊拉克入侵科威特，認爲皆是上帝的旨意。公義的原則是不能爲現實掩蓋的，並非所有已發生的都是合理的。

16 一九八一年，筆者仍在香港中文大學修讀碩士課程，爲預備論文的緣故，曾登門造訪臺灣中央研究院近代史研究所一位心儀已久的研究員：王樹槐教授。對我這位素未謀面的晚輩小子，王教授除了諄諄教誨，就史料的搜集與論文寫作方法多加提點外，更在臨分手前，陡然激動地執著我的手，對我切切囑咐說：「家麟，你要記著：基督教是侵略中國的！」這句話我至今未忘，並且敢信一生也不會忘記，成了心中一個恆常作痛的隱患。謹附記在這裏。

17 Jim Garrison, *The Darkness of God: Theology after Hiroshima* (Grand Rapids: Eerdmans, 1982).

18 大衛．霍伯斯丹 (David Holberstan) 在他的《下世紀》*(The Next Century)* 裏，將這種二分化的觀點及其錯謬分析得頗爲精確。他指出，自第二次世界大戰後，美蘇兩國以至整個世界均活在冷戰的假象裏，美國的政策跟著這個假象而轉，蘇聯成爲假想敵，並且其力量被無限誇大了。美國也因應而拚命擴軍，發展完全不切實際、也無使用能力的核武器。再者，世界被二分化，美國看不到第三世界國家的民族主義才是他們眞正的對手，把任何反西方帝國主義的國家均撥入蘇聯的集團去，在越南、中東、南美均嚐到苦果。當然以上的說法頗是美國中心的觀點，但也很值得參考。（中譯本由黃志典譯，香港：博益出版集團，1992。）

19 倘若我們不帶偏見地看近一個世紀的社會主義運動，便得承認整個運動其實是帶著濃厚的理想主義與國際主義色彩的。無論在蘇俄或中國，社會主義運動的產生，除了是要建立一個在經濟及政治上較平等的社會外，更重要的是要抗衡那些因資本主義發展而必然走向帝國主義（列寧的觀點，但在十九至二十世紀確是歷史的事實）的西方國家的侵凌。列寧之欲將社會主義革命推銷至全球，也有國際主義的神聖責任感的意味在內。至於以美國爲首的資本主義國家，在第二次世界大戰後，因爲親嘗過經濟落後的國家走向極權與暴力的苦果，爲防「骨牌理論」（即第三世界紛紛赤化）變成現實，也大力扶助仍留在資本主義陣營的政權，及積極參與全球防務。大衛．霍伯斯丹指出，美國與蘇聯（今稱獨立國聯合體）無論在地理上及歷史上，均有孤立主義的傾向，是冷戰時代逼使她們變成國際主義的。如今冷戰結束，重回各自爲政的孤立主義傳統的要求必然大增。見同前書，頁51～54，124及下。

20 李澤厚在研究中國現代思想史時，便提出了其有名的「啓蒙與救亡的雙重變奏」理論，指出五四運動後的國家主義思潮，吞噬了自由民主等五四啓蒙精神。見氏著，《中國現代思想史論》（北京：東方出版社，1987），頁7及下。

21 劉述先的一段對當前世界的分析，頗值得我們參考：「就目前的水平線看來，世界上似乎有兩個不可阻抑的潮流：一方面是統一的趨勢，全球變成了一個地球村，第一第二第三世界交參在一起，沒有人能過遺世獨立的生活；另一方面卻是分離的趨勢，每一個民族、文化、性別、年齡的代表都要求有自主的發言權。這兩方面都似有理，卻又免不了隱涵著許多矛盾衝突的危機，應付不當便有嚴重的破壞性的效果發生。現代的人智慧增進，多元化的傾向無疑是一個健康的傾向。但要把這一個傾向推到極端，就會產生徹底的分崩離析，而造成了反理性的結果。」見氏著，「從海灣戰爭看世界的未來」，《九十年代》，1991年5月號，頁89。

22 朱威烈對阿拉伯——伊斯蘭文化的特質有非常精闢的分析。參氏著，《世界熱點：中東》（香港：三聯書店，1993），「導論」，特別是頁7。

23 前引劉述先一文便對此有很好的評論，見頁84～89。

24 參Garrison, *The Darkness of God*第一章的討論。

25 這正是筆者對海灣戰爭的看法。我非常抗拒某些基督徒之將布殊描繪爲上帝的代理人，薩達姆爲撒但的看法。見拙著：「不可妄稱上帝的名」，收《憑誰意行？》(香港：基道出版社，1992），頁 107 ~ 111。

26 約翰·華爾烏 (John F. Walvoord) 著，吳主光譯：《哈米吉多頓大戰——石油與中東危機》（香港：種籽出版社，1977），頁 138 ~ 139。

27 譬如有人可以說，蘇聯雖然解體，但俄羅斯仍將成爲全球的大患；共產主義雖已崩析，但極權主義仍將遺禍全球。這種無限後退 (infinite regression) 的說法是永遠不可能被證明爲錯 (falsified) 的。因爲縱然一個說法已被證實爲與事實不符，持此說法的人仍可以立即修訂該說法，將兩個原無邏輯上的必然關係，只有事實上的偶然關係的概念等同起來（如共產主義等同極權主義，故共產主義倒了，極權主義仍存），好教舊的理論能以新的形式借屍還魂復活過來。結果 A 等於 B，B 等於 C，整個遊戲可以無限延續，除非到見主面的一天，否則即使活到瑪土撒拉的歲數（969 歲），也還是無法證明此理論的錯謬。不過，現代的語言哲學告訴我們，一個無法被證爲僞 (falsified) 的命題，也通常是不能被證爲實 (verified) 的，因爲此命題根本沒有認知意義 (cognitive meaning)。

試看以下一段說話：「各位讀者，我不是危言聳聽，我深信共產集團，正是但以理書所預言的『鐵』的集團。雖然目前東歐各共產國家先後解體，共產思想也像在瓦解中，蘇聯亦似自身難保。但是，我個人相信，這種好戰思想不會消滅，仍會廣爲人接受。」見劉銳光：《應驗中的預言——但以理書大像預言詳解》（溫哥華：國際種籽出版社，1991），頁57。

28 楊牧谷對此有很好的分析。見《九十年代教會危機與挑戰》（香港：天道書樓，1989），頁41～43。

29 筆者所指的常識，是包括如末世會有地震、海嘯、災荒、戰爭，或異端邪說的出現等。就筆者的歷史知識言，並無任何證據證明自然災害或人類戰爭的發生頻密度增加了，發生的嚴重程度也沒有顯著的提升（當然，由於資訊的發達，檔案的完備，今天有關災難的紀錄較過去詳盡，倒是事實）。因此，說末世將會有此等徵兆出現是一定正確的，因爲自有人類歷史以來，這些天災人禍或異端邪說便沒有停止過。附帶要提的是，聖經所說的「末世」主要是指著一個時期或階段：就是耶穌復活升天到祂重回地上之間的整個時期，而非指著時間上的接近某個時限與否。要是末世是指著與某個時限的距離的話，則保羅在還有至少二千年前便說「這世界的樣子將要過去了」就是報假案，或至少是誇大其辭（參林前七31）。沒有人知道耶穌重回的確實時間，故「末世」不是指著時間數量上的長短，而是關乎心態上對所處時空的性質的領會。參 Jürgen Moltmann 對末世論的討論，見 *The Future of Creation* (London: SCM Press, 1979), ch. 2；另參其經典名著：*Theology of Hope* (London: SCM Press, 1967).

30 必須注意的是，筆者在這裏說的上帝在人類歷史裏的整體計劃，是不包括其「救恩歷史」(*heilsgeschichte*，狹義上)在內的。我當然同意耶穌的大使命，以至如羅馬書九至十一章及以弗所書三章所提的福音遍傳的奧祕是上帝在人類歷史裏的救贖計劃。但是，人類歷史與救贖歷史，到底是一個抑或兩個歷史，又兩者該有何種關係，仍是值得討論的課題。筆者在本系列的下一本書裏，將會探討信仰與歷史的關係的問題。

31 有關時代論對以色列與教會的關係的最新的看法，可參 C. A. Blaising and D. L. Bock, eds., *Dispensationalism, Israel and the Church* (Grand Rapids: Zondervan, 1992). 特別是編者的結論，頁 377 及下。

32 拉撒 (W. S. Lasor) 說得好：「時代論者最大的强處，在於致力尋索及突顯上帝在不同時代 (epochs) 的神聖作爲。」見氏著：*The Truth about Armageddon: What the Bible Says about the End Times* (Grand Rapids: Baker, 1988), 頁 35，註釋 n.

33 有關希特拉 (Adolf Hitler) 在奧希維茲 (Auschwitz) 集中營屠殺據説超過五百萬猶太人的事件，在戰後的基督教世界激起相當沈重的反響，教會嚴肅地檢討過去歐洲一直存在的反猶太主義 (Anti-Semitism)，及在二次大戰期間對屠殺猶太人暴行的緘默無言。這些反思的作品連同猶太人自己對上帝在民族苦難中爲何袖手旁觀等神學問題的探討，可以説是連篇累牘的。作爲簡單的入門，讀者可參 H. J. Cargas, *Shadows of Auschwitz: A Christian Response to the Holocaust* (New York: Crossroad, 1992). 這是一本由天主教信徒的角度寫的小書，當中流露出濃烈的懺悔意識，特別是第四章。

34 猶太人與巴勒斯坦居民誰先住在今天以色列沿地中海岸一帶，是個爭論不休的問題。猶太人聲稱他們的祖先早在公元前十八至十七世紀便已由美索不達米亞平原移居到迦南地區（即巴勒斯坦），但阿拉伯人則强調他們的祖先貝達人 (Beida) 在此以前已居住在該處，包括腓力斯人與迦南人，都是阿拉伯人的祖先。阿拉伯人指出，舊約士師記正記載了許多古代阿拉伯人反抗以色列侵略和佔領的鬬爭事件。見薩比爾·塔伊邁著，張文建等譯：《猶太通史》（北京：商務印書館，1992），頁 57～58。本書是由一位曾長期在英國從事中東問題研究的黎巴嫩學者所撰寫，頗能反映阿拉伯人對巴勒斯坦問題的態度。

第四章
無言上帝的僕人

自然神論與萬有在神論

前面我們提到不管是在個人生命，抑或在人類歷史裏，上帝的旨意都不易測度。除非我們採取「凡存在就是合理」，一切已發生的事均是上帝主動的旨意的立場，否則就難以揣摩在紛紜現象背後上帝的作為。特別是在人類歷史層面，基於苦難的遍存及其荒謬無理性，以及大部分事件均是是非對錯難斷，要確定上帝的心意，真非有其特殊啓示不能竟功。問題卻是：上帝不常向人說話。

要解決上帝的旨意難覓此信仰困擾，有兩個可行的方法，也常為基督徒所採用。

其一，是乾脆將上帝及基督信仰抽離出人類歷史之外，嚴格將救贖歷史與人類歷史分開，認定後者已因著人犯罪墮落的緣故，偏離了上帝原來創造時的軌迹，故已爲上帝所棄。上帝已將世界拱手讓予撒但，對其所發生的是是非非，亦將袖手旁觀、坐視不理，一切均再與上帝無關。如此，要在人類歷史裏尋索上帝的計劃，不啻便是椽木求魚，徒勞無功。這是受德國敬虔主義 (pietism) 傳統所影響的部分基要主義信徒對信仰與社會關係的看法，[1]在二十世紀的中國（甚至迄今）有頗爲廣泛的支持者。

其二，拒絕認爲上帝對人類歷史有一個既定且明確的計劃。上帝也許有某種模糊的未來草圖，也許會有某個隱約的歷史終點，但是，卻沒有擬好了要發生的事巨細無遺的細則，未來是敞開的、不定的。上帝不獨沒有私自預先決定了一切，反倒開放地邀請我們與祂一起創造未來。要是人不僅是上帝預定計劃的承受者，也是未來歷史的創造者，則便旣不應、亦不能向上帝詢問有關將來，或包括將來在內的人類歷史的通盤計劃了。畢竟將來還未曾寫上去嘛。上帝要是在尚未發生的事上已事先有了祂自己的計劃，那豈非重覆前面的困局，且對作爲寫歷史的另一位作者——人類——並不公平？

以上兩種說法，均使上帝的手抽離於人類歷史之外，認定上帝並沒有一個預先的計劃，從而教求問上帝在人類歷史的計劃變得再無意義。

第一個說法嚴重破壞了基督信仰裏的創造觀，將世界看成爲可以自給自足的存在物，忘記了從無中受造的萬物不能須臾離開上帝的照管，若非上帝用其權能的命令托住萬有，萬有將復歸無有，因此，再罪惡滔天的宇宙仍是上帝的宇宙。人雖然犯罪悖逆上帝，且因人的犯罪而使罪進入了世界，但罪卻沒有使人的主權原屬於上帝的這個事實改變過來，人仍要向上帝負責、回應上帝的命令。向上帝負責及回應上帝是人在受造時的內置結構，並沒有因後天的犯罪而使這個結構或有轉移；[2]同樣地，世界也不會因著人的犯罪的緣故而離開了上帝的主權，這個仍是天父的世界，而非屬於撒但的，或人類自己的。上帝並無因著人犯罪，便將祂的受造物拱手讓予撒但。[3]保羅在哥林多前書三章21至23節甚至指出，在末後的日子，基督徒作爲屬基督、且參與祂的生死榮辱的羣體，也將會與祂一同分享對萬有的治權呢。「因爲萬有全是你們的。」[4]如此，上帝的護理此教義不因人的犯罪而被抵消，人仍可在世界及歷史中求問上帝的計劃與旨意。

第一個說法在今日的華人教會中已略爲過時，且亦較多爲學者批判，[5]故毋庸在這裏詳細討論。惟第二個說法，由於表達形式較多樣化，很容易引致誤導而不爲人所察覺，故必須略作評述。

先徵引一位臺灣學者的言論：

> 基督徒所當相信的是「上帝正在寫歷史」。然而，創造神學的信念卻是「上帝正邀請我們與祂一同寫歷史」。框框的神學只知道一位絕對而超越的上帝在寫歷史。其實更正確的說，乃是一位內在與人格的上帝與我們一同在寫歷史。而且不只是寫教會史，也寫藝術史、寫科學史與思想史。上帝沒有說，離開我去罷！這是我的世界。祂卻是伸出溫暖的手，期待我們接受與祂「同創造」的邀約。6

這段說話非常隱晦，不容易確實知道每句說話的含義，譬如「框框神學」一詞用在這裏，是否意味著凡是相信上帝在人間有一個明確、固定的歷史計劃的人，皆爲作者在其前文所提到的僵化、死板、缺乏創造力的神學體系？無論如何，作者在此申言，未來並非已成型的，卻仍是一個未知之數，此不惟是人所不知，甚至連上帝也不知，因爲是尚未創造的。而上帝邀請我們與祂一同參與此創造工程，去建立「一個發展中與未知的世界」。

認定上帝在人類歷史裏並無既定的計劃，未來乃是由「人神協作」所創造出來的。這個觀念並非全無洞見，卻也是頗爲危險的。第一，它雖未曾否定，但也嚴重威脅了上帝的預知與預定的教義：到底未來是「敞開」的是怎麼一回事？那是指著對有限的人而言，基於智慧與能力的限制，也基於實存性地經歷的自由，故認定未來並未確定，一切尚有機會，奮鬪也有意義呢？抑或指著對全知的上帝而言，人類歷史何去何從尚是不可知、不可解的？「未知」到底是單指著人說，還是人與上帝兼指？「創造」到底僅是用在人的作爲之上，抑或是也用在上帝身上？就是說，上帝是否尚未撰寫人類歷史下一篇章，正埋首於造詞衍句，揮筆疾書呢？抑或一切對祂而言，都是「已創造」、已確定了，只待其預定的時間才大白於天下呢？無疑對人而言，受困於此時此地的時空裏，我們無法得知如今奮鬪著的東西是否能遂願，無法洞燭天機地窺見人類歷史的終局，故經驗著個體的自由，也承受著因要自由抉擇而帶來的恐懼感與責任感，但對全知的上帝而言，在祂連轉動的影兒也沒有，又怎麼會不曾預先知道、預先確定、預先創造一切本末始終呢（或更正確地說：上帝知道、上帝確定、上帝創造。在祂並無過去式，也無未來式，祂是永恆的現在）[7]。上帝只會兌現祂的心意，在祂並無「未知的世界」。

第二，「同創造」的說法，也誇張了人在歷史扮演的角色與能力。無疑單就人的層面來討論，人間發生的一切事物，皆可尋著充分的自然解釋。列國的興衰、文化的繼絕、人事的更迭，萬事萬物，縱有若干巧合機遇，甚或奧祕的成分，但大致上總能找到合理的政治、經濟、社會的促成原因。從此角度看，此世似乎是自給自足的，彼界要不是不存在，也是可有可無的假設。這是自然主義的歷史觀。**但由信仰的層面看，基督徒卻確知世界與歷史並非果爲人所以爲的自由及任意，卻是早爲上帝所預定，並有一條無形的軌迹與線索牽引著，此線索便是上帝的旨意和計劃**。並且，因著超自然因素的介入，人間的因素不惟不是促成事物發生的終極原因，甚至連與超自然因素平起平坐，共爲主因的資格也夠不上，僅堪爲次要的偶因吧。如同聖經對上帝在人類歷史裏的作爲的描述：「祂改變時候、日期，廢王、立王。」（但二21）「至高者在人的國中掌權，要將國賜予誰，就賜予誰，或立極卑微的人執掌國權。」（但四17）當然，**筆者得承認，如何將此聖經的啓迪應用在今天的人類歷史之上**（戈巴卓夫的下臺與葉利欽的主政，布殊的連任失敗與克林頓的競選成功，是否由上帝一手促成的？），**實在有相當的困難**，這正是本書所要努力處理與疏解的問題所在呢！但是，我們總不能因著有應用上的困擾，便連上帝是歷史的主，祂已決定一切的信仰也乾脆摒棄。**無論如何，人是上帝的歷史計劃的兌現者，是極其重要的一員**，[8]但卻不是歷史的眞正創造者。

將未來視作完全沒有確定的不可知，及將人看成爲與上帝並列的歷史創造者，不僅極易誇張了人在歷史創造中的角色，甚至進一步會來個主次顚倒，將人變作創造歷史的主角，而上帝僅是參與及成全人類的歷史創造。因爲上帝在聖經裏的特殊啓示總與其在歷史裏的作爲不同，縱然我們確認聖靈在啓迪與導引人的抉擇行事的作用，仍得承認要在已發生及即將發生的事上判斷上帝的作爲是極其困難，甚至迹近不可能的。如此，人在歷史裏的抉擇與行事，到底是如其信念所說的「人神協作」、共同創造，抑或僅是他自把自爲的獨腳戲，然後又將自己的屬人決定升格爲「人神協作」的決定？單靠聖靈在內心導引、個人對上帝旨意的領受與體會，是否便能提供一個穩妥的機制，防範人不致妄稱上帝的名？再者，上帝的啓示便是祂的作爲，說上帝正在創造歷史，就是指上帝仍在延續祂對人的啓示；說上帝正在偕同人創造歷史，就是指人可以在其歷史參與裏體現出上帝的啓示。如此，不僅歷史是敞開的(open-ended)、啓示是敞開的，連上帝也變作敞開的。爲了說明以上的道理，我們且看看一段由臺灣一位頗爲活躍的神學家黃伯和的說話：

> 當基督徒告白我們所信仰的上帝是過去存在、現在存在、將來也永遠存在的活生生的上帝。我們的告白乃在見證這位上帝不是過去式的上帝，祂並未停止其在歷史中的作爲。換句話說，上帝仍然在今日的人類歷史中施展其創造與道成肉身之工作及啓示。上帝若在今日繼續其啓示與參與人類歷史的作爲，則祂的啓示必然不能停留在過去式的階段，而必須有現在式，甚至是未來式。那自稱是「創始成終」的上帝，既是將來式的上帝，祂的啓示也必然不爲過去的經驗所限制。9

這種視歷史在上帝的眼裏仍爲不確定與未創造的說法，基本上就是將上帝的啓示由其在耶穌基督的道成肉身及記述爲文字的聖經此兩個一次過 (once and for all) 的啓示事件，擴闊至今日信徒的信仰經驗。由於上帝是活著的上帝，祂在此時此刻仍對信徒有所帶領和啓迪，祂仍在偕同信徒一起創造歷史（甚至是救贖歷史）；那麼，昔日教會領受的啓示，包括聖經在內，充其量便僅是衆多啓示的一種，僅是衆多信仰經驗的一種。昔日的上帝啓示無法拘限今天上帝的啓示，而對今日的信徒言，上帝今日的啓示顯然便較昔日上帝的啓示更具現實意義；所以，基督徒毋須過分受拘制於聖經中記述的上帝的創造與救贖，而必須直接尋求上帝在這個歷史時空的創造與救贖。基督信仰的內容因此不是由聖經或任何歷史事件限定的，乃是由現實的需要與趨勢所指向的。歷史的敞開、啓示的敞開，帶來的必然是上帝的敞開。並且這個敞開是難以建立其底線的，要是連上帝也沒有對人類的將來作任何的預定，祂的「過去」的啓示和作爲沒有已蘊含整個人類歷史與命運，則憑甚麼我們可以說福音必須是怎樣，基督信仰必須如何？若上帝昔日的啓示也不能限定其今日的啓示與作爲，那在上帝面前，還有甚麼權威可以樹立？

要是果眞在上帝面前，不樹立權威便既不打緊，也合該如此的，畢竟上帝是絕對權威，在祂以外別無權威嘛。但問題是，上帝在人類歷史裏的計劃和作爲，既不像聖經般不說自明，反倒常是隱而不顯的，那便如何防範人不將他自己對人類的期望、政治或經濟的理想藍圖，予以絕對化、神聖化，使變成上帝的作爲？如何防範口裏聲言的「人神協作」、共同創造，至終不會變成人的自行創造？試觀如黃伯和之類的長老會神學家，他們不是便將臺灣人的民族自決和「出頭天」，等同上帝帶領以色列人出埃及的拯救，將之看成是福音的主要內容嗎？[10]

我們必須確認，上帝不是發展中的上帝（進程神學的危機正在於此），[11]啓示不是了無止境的延續（必須嚴格分開基督道成肉身的啓示、聖經作爲上帝無與倫比的啓示，及聖靈在日後的「啓迪」），歷史也不是敞開至不知引向何處的。我們必須確認，對上帝而言，未來就是現在，沒有甚麼東西不在祂的消極的預知，乃至積極的計劃之內的，在上帝那裏沒有甚麼是「未曾」或「不確定」。人需要向上帝「敞開」，但上帝卻沒有「敞開」的可能，祂（套用亞里士多德的說話）是純粹的實現。我們必須確認，上帝對人類歷史有一個既定且明確的計劃。

總之，**說上帝再不管人類歷史，故對人間的是非全不負任何責任，或說上帝對人類歷史的發展沒有一個既定的計劃，一切有待創造，均是錯謬的**，與聖經所彰顯的上帝及其本性作爲不相符合的。從某個角度看，此二種說法非常近似兩種錯誤的上帝觀：自然神論 (Deism) 與萬有在神論 (Panentheism)。自然神論就是相信存在著一個原爲上帝所造、但卻可以獨立於上帝以外的世界，視世界離開上帝直接的護理以外仍能存留運轉，這與那些認爲上帝已經對世界袖手旁觀、坐視不理的某些基要主義的想法不謀而合。萬有在神論則將上帝比附爲世界的部分或總和，强調上帝的內在性，既庸俗化了上帝，又神聖化了歷史、世界與文化，視爲上帝的片面或全部的化身，此也和某些人之强調上帝就在人類的歷史與文化中，並將人類歷史與文化進程等同爲上帝延續性的啓示異曲同工。

我們寧願忍受對上帝的歷史計劃的無知所帶來焦慮與困擾，也不能取締上帝在歷史裏設定計劃的基本信念。**上帝是人類歷史的主，祂在歷史的發展過程的背後（而非當中）有其永恆的一貫的計劃，是基督信仰不可或缺的部**

分，絕非可有可無的。

上帝的沈默

要是上述兩個說法均不足以解決上帝在歷史裏的計劃暗昧不明的神學困難，那我們仍得面對上帝不常向人說話的困局。

福音派的神學工作者，甚少願意正面地面對及處理上帝沈默的問題。我們一貫主張，上帝儘管在許多時候沒有向人豁露祂的心意，人儘管在許多時候無法參透在苦難或變故裏的奧祕，上帝的旨意仍應該是清晰顯明的。人之不明白上帝的計劃，要不是因著他的祈禱不夠恆切，對聖靈的啓迪不夠敏感，就是上帝決定目前還不是眞相大白的適當時候。不過，在說了上述的話後，我們便趕快補充說，上帝的計劃仍是顯明的，沈默只是短暫偶然的現象，很快地、至終地，上帝會將一切向我們分訴。你會發現，坊間不論中外語文，有關上帝計劃的書刊文章，絕大部分都是持守著類似的論調，並無甚麼例外。

要是上帝的旨意恆常顯明、沈默只是例外這個看法是某些基督徒個人的信仰經歷的總結，筆者便非常尊重和欽佩，但要是這僅是爲了造就信徒而必須說的「標準答案」，則不能不令人懷疑它有多少解說現實的能力了。當然，對處在困擾與患難中的人，給予適當的鼓勵與安慰，堅固他們對上帝的信心是必要的，但我們卻無由保證這個「上帝必會解明」的安慰之言會在不久的將來便予兌現，而非末世性的——即要在與主面對面時才水落石出，更不能將一個個人的期望變作信仰的結論。

筆者知道，只要誠心尋求上帝，上帝的旨意必會很快顯明，這樣的聲言是安全的（不會引來任何懷疑和挑戰），也是正義的（顯示我的信心與經歷是何等深厚），但卻仍敢冒天下之不韙地指出：這只是主觀的信仰期望，而非客觀的來自經驗的總結。

在個人層面，也許我們較容易藉個人的體悟與領受，或聖靈在人心裏的動工，來透析人生際遇的種種奧祕，但挖深一點，到底這許多在事後體悟出來的神學解釋，是我們爲著自我安慰與解脫而拼湊出來的權宜說法，抑或是眞箇來自上帝的終極性的神聖理由，倒仍不易作出分辨。舉例說，我在三歲便患了哮喘，至今三十多年仍無法擺脫病魔的纏繞，期間經歷的辛酸及疾病帶來許多終身性的影響就不在這裏提了，總之在我初信主時，頭一個要處理的神學問題便是向上帝求問，爲何容讓我有如此的負面的經歷，疾病背後的神聖理由是甚麼。及後我逐漸地感悟到一些答案：上帝要我藉著這些病患，來體味人生的輭弱苦困，好叫我能安慰有需要的人。上帝在我少年時便「勞其筋骨、苦其心志」，將我打磨陶造，好叫我能爲祂所用……諸如此類。在得著這些答案後，加上關注的問題轉移了，這個「苦罪懸謎」遂不復成爲我的困擾。但回頭看來，這些答案是來自聖靈（這點筆者倒是確信不移的）的安慰與開導，抑或是上帝給予的眞實而終極的神聖理由，筆者仍遲疑地不敢遽下結論。這就如保羅在多次求上帝取去他身上的一根刺不果，但卻得著主的話說：「我的恩典夠你用的，因爲我的能力，是在人的輭弱上顯得完全。」整個答案爲保羅提供了一個其身上的刺的正面意義，就是其所能產生的積極性的效果，但是卻不見得便是對刺的來源的充分解釋。（參林後十二7～9）及至如今，我的女兒又經證實藉我遺傳而得了哮喘，我不知道是否還該用同樣的神學解釋——上帝要藉著這些病患，叫她體味人生的輭弱苦困……，藉此來安慰自己及妻子。我沒有再勉强解釋了。我們都認定，人生有太多際遇是無法眞箇教人明白的，人能做的也並不太多，要是我確知靠著自己的能力無法應許自己的女兒一個幸福通達的將來，那便放手(let go)吧。「放手」旣針對行動上的四出張羅，也包括穿鑿附會的神學解釋。

筆者在此重申，我不會拆毀任何個人藉主觀領受而得的神學解釋，要是他能據此得著安慰與鼓勵，我也同樣歡欣快樂。但我在面對一個育有蒙古症的兒子的婦人時，卻既不敢胡亂爲她的「爲甚麼」硬塞一個便宜的標準答案，又不會開出期票應許她只要誠心尋求，上帝必然會告訴她背後的神性理由。除了安慰她日子如何、力量也必如何，鼓勵她好好撫育兒子外，就沒有甚麼不是贅言了。同樣地當一位姊妹作見證時說靠賴上帝的保守，她得以在一次嚴重的交通意外中僥倖逃出生天，故認定這樁意外教她學會了怎樣怎樣的功課時，我也會爲她感謝上帝，但我卻不敢追問爲何在同一樁意外裏另外死了三人，不敢問他們是否基督徒，更不敢問爲何上帝不保守他們……反正太多事情是不好尋根究柢的。所以，一個弟兄爲他的婚禮當日風和日麗感謝上帝我說阿們，另一個則爲在婚禮上雖然下雨但程序仍能進行感謝上帝我也說阿們，但當有人爲他的婚禮遇上雨天抱怨上帝時，我便義正辭嚴地說：「上帝總不成叫所有基督徒舉行婚禮的週末都不下雨的，晴雨乃是自然規律的變化。」我不覺得其中有任何矛盾存在。因爲在說阿們時，我只是附和對方向上帝的感激之情，與喜樂的人同樂，我個人並不一定認同他的神學解釋：上帝單爲他一個人，而改變了時節晴雨的秩序，使六百萬香港人的生活受他婚禮的影響。並無任何統計數字顯示，就因爲基督徒的聚會（包括婚禮）多數在週末舉行，故週末下雨的機會較週一至五爲少。

個人的遭遇患難尚可容易藉著主觀的體會領受尋求教自己滿意的神學解釋，但對集體的苦難，則個人的體會之解說能力，便眞的是無力振乾坤了。一個困在啓德難民營三年的青年基督徒問我，爲何他們的國家民族會遭遇這個劫難，我怎麼應許他「只要誠心尋求上帝，上帝的旨意必會很快顯明」呢？對受南斯拉夫內戰蹂躪的居民、對索馬里的餓俘、對在菲律賓火山邊緣居住的災民，上帝在歷史裏的心意與計劃，是否眞箇很容易便顯明出來？怎樣顯明？（你會發現，所有說「只要誠心尋求上帝，上帝的旨意必會顯明」的人，他們的論據只是建基在個人的經驗上，而這些經驗，那怕是再感人肺腑，要不是個人性的遭遇，也只是將一個集體性的時代苦難壓縮爲個人性的苦難。他們爲自己的經歷作解釋，卻沒有觸及集體性的問題。再多兩個如何千辛萬苦在文革時逃至西方，結果得信耶穌的見證，也不能爲大躍進時死去的一千萬，文革時遭不幸的二千萬同胞尋著一個教人滿意的神學理由的。不過對這些見證言，根本就不是要爲集體性的苦難求個解答，甚至可以說，集體性的苦難只是他們個人遭遇的時代「背景」而已！）

上帝在集體性的問題上，常是沈默的；上帝在人類歷史中的計劃，常是隱而不顯的。

上帝的沈默與人的沈默

由上帝的沈默，我們必然地會面對人如何談論上帝的問題，這也是神學上一個至爲關鍵的課題。

人能談說上帝嗎？人可以藉著理性的推論，或人間經驗的歸納，來推證上帝及其作爲嗎？

有關上帝的可言說性 (speakability of God) **的問題，筆者必須申明改革宗的立場**（在很大程度上也是天主教多瑪主義 [Thomism] 的傳統），**就是上帝是超越人的理性與經驗的，上帝是無條件的主體** (unconditional subject)，這是人惟一能對上帝有的推想。對人而言，上帝是完全的奧祕。雖然犯罪後的人類，仍舊在心底裏存有上帝的觀念，正如保羅所說的：「自從造天地以來，上帝的永能和神性是明明可知的。」（羅一20）但是，這種上帝意識卻不能被對象化及賦予具體的內容，否則便只會造出各樣的偶像來。（參羅一23）人尋找上帝，卻只可以膜拜各種模摹受造物的偶像，這是人類文化史告訴我們的事實。人可以擁有有關上帝的觀念，卻沒有上帝的自然知識(natural knowledge)。人的語言對上帝是沒有直接效用的，嚴格地說，人只能對上帝沈默。[12]

上帝與人的相互沈默只能由上帝來打破。藉著上帝向人的啓示，特別是耶穌基督的道成肉身來到人間，上帝對人豁露了祂的面貌、作爲與心意。上帝用人的言語、人的形象來啓示祂自己，這是祂的自限，也是人之所以能言說上帝的惟一憑藉。不過，由於人對上帝的沈默並非基於犯罪墮落後的結果，卻是出自受造物與創造主本然有的鴻溝差異，[13]故即使蒙基督所救贖的信徒，仍不可能突破作爲人的限制、上接天啓，直接窺探上帝的旨意。對得救的人而言，上帝無疑不再是不可言說的，但人之言說範圍，仍只能局限在上帝主動向人啓示的範圍裏，這包括上帝昔日藉耶穌基督向人的彰顯，及書錄在聖經裏有關祂的作爲與旨意。當然，上帝個別地介入一個人的生命中施行的啓迪與作爲（此即個人的信仰經歷），也是重要的神學泉源。無論如何，**神學作爲人對上帝的言說，只能是第二階次**(secondary)、回應性的，就是說僅是回應上帝的啓示及人在上帝啓示裏的經歷。上帝的啓示既提供神學的可能性，也同樣構成神學活動的範圍與限制。

要是人無法藉著人間的知識與經驗來言說上帝，任何再屬靈的人也不可以逕自充任上帝的代言人，那麼，要非上帝親自啓示顯明，人便既不應、又不能在人類歷史裏，尋索上帝活動的足迹，好判斷上帝在其中的旨意和計劃。我們可以確認上帝在人類歷史中有其一貫的計劃，卻不應隨便任意地識別上帝的計劃與心意何在。上帝的作爲對人而言永遠是個「奧祕」。[14]

是上帝沈默的事實，促使人的沈默。正如潘霍華所言：神學的起點是沈默，[15]人必須在上帝跟前沈默，佇候上帝自行說第一句話。惟有在祂說話以後，我們才能選擇該如何回應祂、如何自處、如何在這麼一個上帝跟前存活。**沈默不僅是謙卑的表現，更是坦誠地承認人是人、人不是上帝，人與上帝之間存有鴻溝的事實**。當然，沈默的意思不是說我們不可以爲不明白，或無法嚥下的東西向上帝詢問、請求，以及申冤辯屈，藉以宣洩我們心中的焦慮、恐懼、徬徨、無助，人總是可以先向上帝發問題：「請祢告訴我祢是誰？」「這些事的發生是爲了甚麼？」「主啊，我不明白！」……但是，在發出問題之後，人仍需緘默下來，騰出空間來讓上帝自由啓示和解答，沒有人有權自告奮勇，逕自經營一個答案來代上帝發言，不管那個答案是如何具屬靈深度或智慧，都不合法。正如沒有任何穩當的方法讓我們求得上帝的旨意一樣，我們也沒有甚麼方程式或偵探技巧，可以在人類歷史的成敗興衰裏尋索上帝的足迹。

藉著信仰，我們聲稱人間一切事無大小皆在上帝的統管與默許之下，任憑惡勢力再橫行肆虐，前途再不明朗，歷史仍將朝著上帝預定的軌迹而前進。但是，我們卻拒絕將具體事件細分出何者爲上帝的主動意志，何者僅爲消極的容許。我們既不願意將任何人或事神聖化，視爲上帝旨意的化身，替天行道，誅奸除妖，也不願意蓋棺定論的將某些人歸類爲撒但一伙。當然，就是按著人的良知與理性，以及上帝藉聖經彰顯的倫理要求，我們都可以對人間某些邪惡的行爲予以否定和譴責，正如我們肯定知道如希特拉、東條英機等暴君狂人的作爲不會符合上帝的心意，就著人的角度，我們有足夠的理由去拒絕、反抗，甚至策劃以暴力去傾覆推翻之。但是，即或去到這樣極端的地步，我們仍無法肯定任何推翻希特拉或東條英機的行動，就是天命所在，由上帝委託某些人去弔民伐罪（例如：即使筆者的民族感情強烈，也不敢斷定原子彈轟炸廣島長崎必然是上帝的心意）。一方的邪惡並不必然代表另一方的正義。並且，人間的是是非非在絕大多數的情況下，還不是如此黑白分明、對錯立辨呢。

上帝的僕人

正如巴特 (K. Barth) 等在三十年代，拒絕出於民族光榮的考慮，而將德國歷史的發展等同爲上帝的心意和計劃，並聲稱上帝不能被拘限在歷史的任何一種模式一樣。[16] 在歷史上，將某一個歷史事件或運動確認爲上帝作爲的說法，包括美國將其西漸運動及對外擴張，蘇聯及中國之將解放運動等同爲上帝的計劃，[17] 均是危險而錯謬的。上帝的旨意既不在統治者的計劃中，也不在人民的期望裏。沒有統治者有資格「奉天承運」，以上帝的名義來推展政令及法制，即使他是一個敬虔的基督徒，秉承聖經的教訓來治理人民，他的施政仍不是上帝旨意的延展。沒有任何本質上是屬撒但的政權，[18] 也沒有眞正由上帝親自或委託代理人管治的「基督教國家」。[19] 而在國與國的爭論上，並沒有眞正爲上帝或爲眞理而掀起的戰爭（愛爾蘭問題並不眞是天主教與基督教之戰），更沒有一個國家可以宣稱其發動的是「聖戰」。與此同時，基督徒也不能同意「天視我自民視，天聽我自民聽」等人文主義的想法，將任何那怕是再正義的人民要求神聖化，甚或如某些解放神學家般將「人民」等同爲上帝的化身。自由、民主、人權、法制，儘管是我們竭力追求的，但均不就是上帝心意的直接彰顯。而改良、革命、解放等本身便更非同於上帝的拯救了。

如同柏可偉 (G. C. Berkouwer) 所言，從一個較宏觀或寬鬆的角度看，我們可以發現上帝的指頭活劃在歷史的事件中。譬如說腐敗政權無法長久維持，正義與眞理終被歷史肯定與記念，人類社會也正邁向較民主與平等的路向去等。但是卻不應將任何一樁事件確實地認定爲上帝的作爲，[20]更不要用非理性的默想與直觀的方法，來爲人間的是非尋求一個屬靈含義的了斷。無論是平常的事件如總統更迭，抑或是不尋常的事件如蘇聯解體、德國統一、八九民運等，都不應隨便斷說上帝在該等事件中佔何位置。[21]可以說，上帝在人類歷史是既超越又內在的。[22]

那麼，**面對著一個上帝無言的歷史，忝任無言上帝的僕人，我們可以作甚麼？**

第一、**基督徒必須承擔歷史的責任，參與人類的歷史**。儘管我們承認並非所有已發生的事都是合理的，有些事情的發生並非出於上帝主動的意志，卻是人爲的錯誤或撒但的播弄，但生命本身必然不會是一個人爲錯誤或撒但的播弄，卻是上帝的旨意。我們可以不明白爲何會有嬰孩夭折，或天生的弱智殘缺，不明白在這些生命裏到底尚可有怎樣的意義，惟是若僅因著這樣的奧祕，便連生命本身的價值也給懷疑了，則我們便只能陷墮至虛無主義的桎梏裏去。基督徒必須對人的生命作無限的肯定，相信一個即使在智慧、能力皆有限制的人，其自足的價值還是毋庸置疑的，因爲生命是神聖的，生命永遠不會是個錯誤，沒有人是本來不應該，或無權利誕生到世上來。每一個人的出生，皆是上帝主動的意志。

如此，我們之所以存活、所以給誕生在此時此地，必然也是上帝主動的心意與計劃了。我們不會是因爲時空錯置，或誤打誤撞，才不巧活在這個時代裏。我是一個人、一個中國人、一個居住在香港的中國人、一個九十年代居住在香港的中國人，這些被賦予的事實(givenness)，是上帝在其永恆的計劃裏主動促成的，是有神聖意義在其中的，是我不能否認抵賴，或輕忽看待的。

這個說法當然是一個信念，一個無法用理性或經驗求出來的結論，但它可不是一般的、可有可無的信念，卻是我們的生存基礎，也是基督信仰所賴以建造的依據。沒有「我」，何來「我信」？

要是生命是神聖的，活在此時此地也是神聖的，那麼，基督徒就必要正面地尋索他之存活在這個時空的神聖理由了，這也便是我們常說的「人生意義」的問題。對此問題，基督徒恆常掉以輕心，沒有仔細思量，尋覓屬於他自己個人的答案。我們或是認爲這個問題只對非信徒有效（就是在佈道會之類的聚會裏挑戰他們現時的人生並無意義，並應許「只要信主，便有人生意義」），或是借用在教會的講臺、主日學、屬靈書籍中已廣泛通行的現成答案，建構個「二手信仰」。不管怎樣，基督徒於尋索他的存在的上帝心意，及他之活在這個時空的上帝的心意時，他便其實在尋索他的歷史責任和角色。上帝之讓我活在九十年代的香港，到底是爲了甚麼？

基督徒必須首先肯定他在歷史裏的價值，承擔他的歷史責任。

第二，**基督徒必須尋索上帝在他生命裏的個別作爲** (special providence)，**藉此確定其歷史責任的具體內容**。如何尋索上帝在個人生命裏的計劃，是一樁至爲艱巨的工程，其棘手與難以確定處，我們在第二章已有所討論。不過總的而言，儘管我們無法盡然了解每件具體特殊的事件背後的神聖理由，也不能準確斷定人生的每一片段皆爲上帝的主動意志，但上帝在我們生命裏的通盤計劃，總是較易識別的。

先從最普遍的地方入手，上帝對於基督徒羣體在地上的倫理要求與禱告使命，是人人相同，也是聖經已清楚明載的。單就腓立比書來說，保羅便要求基督徒「同心合意的興旺福音」（一5），「行事爲人與基督的福音相稱……爲所信的福音齊心努力」（一27），「顯在這世代中，好像明光照耀，將生命的道表明出來」（二15～16），「凡是眞實的、可敬的、公義的、清潔的、可愛的、有美名的，若有甚麼德行、若有甚麼稱讚，這些事……都要思念」（四8）。當然最關鍵、最概括性、也最壓倒性的要求，便是保羅宣稱的：「無論是生、是死，總叫基督在我身上照常顯大。」（一20）加爾文統稱之爲「惟獨上帝得榮耀」，這是上帝對基督徒的基本心意要求。

當然，如何在具體處境中貫徹倫理要求，如何確定在福音使命中自己的特殊角色，仍是不容易有一個簡單的推證公式的。若無上帝的特殊啓示，則任憑人再殫思極慮、搜索枯腸，也還是無法得著百分百穩當的答案。不過，由於個人生命所牽涉的各種因素仍不太過複雜，他的家庭背景、成長與學習、興趣脾性、特長缺陷，以至不同的經歷與領受，總已預設了一個粗略的輪廓，提示了若干較清晰的可能性，只要循此等線索去追蹤，雖不中亦不會相距太遠。[23]再者，上帝藉著聖靈在人心中的啓迪與帶引，也應該會在適當時候發生作用，教人不致完全徬徨迷失、無所適從。

雖然筆者沒有確實的統計，但就過去的個人信仰閱歷，及認識的其他信徒的經驗看，似乎還未有一個敬虔愛主、專心信靠的人，會長久地聆聽不到上帝的聲音。他們也許各有張長長的問題清單（爲甚麼會有這種事發生，爲甚麼那人竟有某樣遭遇……），始終無法從上帝處求得滿意的解釋；他們也許不會在許多人生抉擇裏，準確知道上帝的心意，好教一生從不犯錯、路路亨通；他們也許不會明白許多個別事件的神聖理由，及該事件在其人生整幅圖畫裏的位置和意義。但是，他們卻不致對上帝在其一生中的計劃，完全一無所知。具體細節可以不甚了了，但大路向總是清楚不過的。

我爲甚麼生而爲中國人，爲甚麼活在九十年代、正將回歸中國的香港？我對香港、對中國有甚麼貢獻，可以爲上帝及其福音使命擺上甚麼？我的思念、理想、掛慮、期望在哪裏，眼淚與歡笑向誰而發？我的心曾爲何事觸動，我祈禱上帝在甚麼地方顯出祂的作爲？我的愛與憐憫向誰傾注，哪個人及地方是我願意成為其鄰舍的？諸如此類的問題，皆可幫助我們撥開雲霧，摸索出上帝的個別作為，及我們可以承擔的歷史責任。

至於一些果眞無法明瞭其神性理由的遭遇，基督徒便只好存而不論，承認如今對著鏡子觀看模糊不淸，一切要待他日見主面時才從頭細訴。又或者像耶穌的母親馬利亞一樣，雖然「不明白」，但卻將「這一切的事都存在心裏」。（路二50～51）

第三，**基督徒必須勇敢面對時代的挑戰，承擔個人於歷史中的具體責任**。柏可偉曾徵引阿摩司書九章7節指出，上帝在歷史中的作為並不局限於其所揀選的子民中，即或是悖逆祂的外邦人，祂仍介入與拯救，故此引領以色列人出埃及只是上帝衆多奇妙作為之一，而非獨一無二的事件。以色列民與外邦人的差別，不在於前者有上帝特別的眷佑拯救而後者闕如，卻在於以色列民因有對上帝的信仰的緣故，能看出在平凡事件背後的神聖意義，外邦人對此則無動於衷。上帝的作為遍在於人類歷史中，但其中只有極少數是純粹的超自然事件，毋庸深入思索，單憑肉眼便即分辨。絕大部分的作為均是指使、支配及利用自然世界的人事興衰權力更迭來成就的。換言之，我們盡可用自然主義的方法來解釋一切。惟有藉著信仰的眼光，基督徒能夠透析自然的事件，看出在政治、社會、經濟、文化等因素的解釋背後，尚有超自然的意義和作為，那才是上帝的指頭。離開基督信仰，離開上帝在聖經裏顯明的道，人根本無法識別出上帝的作為。[24]

這個說法極其深刻而精闢，但卻並未完全解決那個難以就具體事件去辨別出其神性理由、亦即上帝心意何在的問題。任憑我們再通讀聖經，也不見得便能看出南斯拉夫內戰中的誰是誰非，上帝該站在哪一方，又祂要在整樁事件裏彰顯甚麼心意。政治問題並非聖經啓示的內容，屬靈的人也不見得有參透的能力。

人無法在具體的歷史事件中參透上帝的旨意，除了是由於這超越了聖經啓示的範圍外，同樣要緊的是，相對於個體短暫數十年的生命言，人類歷史的長河是既悠久又漫長的。一樁事件，由其潛伏孳生、起盛繼絕，以至延續性的影響，通常都會橫跨數代人，期間的風雲幻變、詭異曲折，牽涉的變數之多，實無法為活在某個時空小點的人所能逆料預計。再加上身為局內人的我們，視野既受局限，興趣關懷及切身利益亦緊密地與某些歷史的人和事聯繫起來，故根本無法高瞻遠矚、公允持平地察看一切。我們的喜惡愛憎是強烈的，接納與拒絕是決絕的，價值裁斷是過大的，要求與期望也是不合理的。這是當事人的限制，沒有人可以豁免例外。因此，我們難以帶著自身的視界與感情的包袱來公正不阿地評鑑當代的人和事，更遑論尋出上帝的旨意了。

在接納以上的限制與事實下，基督徒便毋須耿耿於懷地要爲一切歷史事件求個終極的價值審斷，或勉强要突破人的視界從上帝（永恆）的角度來洞悉人間是非的眞相。我們若立足在人間實地，就不能假想自己凌空鳥瞰普視衆生。我們若承受局內人的權利和責任，亦不可兼具局外人的客觀與中立。當然，謹愼地審度眼前的人和事，作出最大可能（相對意義的）公允的價值判斷，並確立自己的立場取向，及該採取的行動措置。在從價值判斷到採取行動的過程裏，向上帝敞開自然是基督徒必須持守的態度，這包括嚴謹仔細地研探聖經，參考過去近二千年教會就相關問題思考及實踐的經驗（這較單純依賴個人的主觀領受還要可靠），多藉祈禱與默想來維持容讓上帝介入的空間，以及敏銳地聆聽聖靈隨時隨地的導引。**我們深信，與上帝的關係維繫得愈緊密，對上帝已啓示的旨意愈得心應手，則愈能在具體特殊的事件上判別是非、確立路向，聖靈會保守我們減少犯錯的機會**。但是，這樣經思考與判斷得出來的看法，就算再有深湛的神學理論支撐，仍不能等同上帝的直接啓示，更不能草率武斷地將自己的喜怒愛憎升格爲此時此地上帝的歷史計劃。

我們認信上帝是歷史的主，在宇宙人生有祂一貫而不墜的計劃，但同時承認在具體的歷史事件中無法準確辨別上帝的作爲。隨從聖靈的帶領，依據聖經確立的倫理價值與行爲準則，也按著個人的理性、感情、良知、託付來行事，不迴避、不退縮，勇敢地面對時代的挑戰，貫徹上帝在個人身上的特殊作爲，承擔具體的歷史責任。但是，卻不要事事恐懼犯錯，擔心偏離上帝的心意，更不要穿鑿附會地尋求每件特殊的歷史事件裏的上帝作爲。

從信仰的角度看，一個基督徒並非因著步步爲營，循規蹈矩，事事皆揣摩出上帝的原定心意（？），走上通達順暢的道路，方算爲活在上帝的旨意和計劃裏。恰好相反是，**他的忠於託付、努力不懈、勇往直前、既會犯錯卻又善於改過、憑理性行事但不自我神聖化，才至終成爲上帝計劃的踐行者呢？**天曉得上帝不是要我們這樣將祂的計劃兌現出來。

我想起安瑟倫 (Anselm) 一段論到信心與理解的關係的說話，恰好可以套用在此，以爲本書的結論：**先認定上帝是歷史的主，才尋求祂**

在具體事件中的作爲。我們知道，儘管有以上的認信，並不表示便必然能在具體事件裏明白上帝的作爲。而我們對上帝爲歷史的主的認信，也不建造在明白具體的上帝作爲的條件上。無論如何，我們可以確認一個事實，要是我根本地否認對上帝及祂爲歷史的主的信仰，我便永遠不能發現上帝在歷史裏的作爲。我先認信，然後尋求明白。認信是明白的條件，明白卻不是認信的條件。

讓我們最後認定吧：上帝是人類歷史的導演，但卻不是歷史裏的某一個主角。

註釋

1 許多人誤以爲基要主義僅得一個簡單、同質的屬靈傳統，這是不符事實的看法。就以對政治與社會的態度爲例，基要主義秉承著改革宗清教徒主義 (Reformed Puritanism) 及源自衛斯理復興 (Wesleyan Revivals) 的聖潔運動 (Holiness Movement) 的屬靈遺產，同樣可以對政治與社會採取積極而進取的態度，努力參與社會的改造。當然，他們對社會及道德問題的立場極其保守，是毋庸多言的。今日美國如「道德的大多數」(Moral Majority) 般的宗教右派 (Religious Right)，便屬於這個要參與及改造社會的基要主義傳統。拒絕參與，且視社會問題和信仰無關的，即所謂宗教個人主義 (Religious Personalism) 的思想，乃根源自德國的敬虔主義傳統。在衆多基要主義傳統中，以宗教個人主義對中國教會的影響最大。這與二十世紀中國的特殊的政治社會情勢，不少信徒是在立志從事社會改革無門的情況下才皈依基督，以及中國長久以來宗教地位低落，信仰並無肩負政治及社會改造角色等因素有密切的關係。筆者希望日後能以專著來予以論述。無論如何，這裏要指出的是，今日仍有不少華人牧者及信徒，一方面自身拒絕參與政治及社會事務，另方面又認爲凡參與的皆屬「社會福音」（說此話的人一定不明白社會福音 [social gospel] 的確切含義！）或自由派，並且視他們的政治與社會立場爲惟一合法代表基要主義或福音派的立場，實在是胡說八道、歪曲歷史及現實的。參 A. J. Reichley, "Pietist Politics", in N. J. Cohen, ed., *The Fundamentalist Phenomenon* (Grand Rapids: Eerdmans, 1990), pp. 73 ~ 98. 至於基要主義的歷史部分，可參 G. M. Marsden, *Fundamentalism and American Culture: The Shaping of Twentieth-Century Evangelicalism, 1870-1925* (Oxford: Oxford University Press, 1980), ch. 7 ~ 11.

2 卜仁納 (Emil Brunner) 以關係性的說法來描述人的上帝形象，指出這是指著人爲一回應性及須向上帝負責的存有 (Man is a responsive and responsible being)。人的犯罪並無改變這個事實，反倒人要向上帝負責，才正是人犯罪的先決條件，並且人犯罪也只代表著人對上帝不負責任 (irresponsibility)，而非毋庸負責任。再者，也是因爲人要向上帝負責卻又不負責任，上帝方有權利追討人的罪。參 *Man in Revolt* (Philadelphia: Westminster, n. d.), p.70f; *The Christian Doctrine of Creation and Redemption* (Philadelphia: Westminster, n. d.), p. 58f.

3 有關世界主權誰屬的問題，可參筆者在大學時代所念的一本小書，非常具啓發性的：A. N. Frinton, *Whose World?* (Leicester: IVP, 1978).

4 參拙著：《今日哥林多教會——哥林多前書註釋》（香港：天道書樓，1992），頁 93 ~ 96。

5 譬如楊牧谷的《信仰的落實——基督教宇宙論初探》（臺北：校園書房，1986）便是一本很好討論基督徒世界觀的書。

6 葉仁昌：《邁向臺灣神學的建構》（臺北：校園出版社，1992），頁49。

7 當然，人的未知與上帝的全知並不是互相抵觸的，因二者分屬兩個不同的世界。套回本書首章所徵引的腓立比書看：一方面保羅真誠地接受人僅是人、人並無全知能力，也無法確定將來的事實。故他從不用確定的口吻來談論自己是否「已得著」，或將來要獲得甚麼獎賞（三12～14），並因此強調信徒必須「恐懼戰兢，作成……得救的工夫」（二12）。但另方面保羅之所以能在面對著不可知的將來時仍努力不懈，勇敢地作出各樣倫理或前路的抉擇，勇敢地承擔自己的無知所帶來的徬徨與恐懼，卻是由於他相信上帝的全知和已知（一10～11、19～20，四6～7）。要是他既無法確定自己是否會得勝，又不相信上帝「已經」得勝了的話，則他今日的持戈奮進、不計生死、不論禍福，是否太鹵莽、太愚笨了一點呢？所以，上帝的全知不惟與人的無知不相衝突，甚至是人之能忍受無知的至終把握與依據。

8 但又沒有任何一個個人是上帝計劃裏不可或缺的部分，每個人都是可被替代的。人不能因其叛逆，拒絕上帝的旨意，便眞箇干擾了上帝計劃的促成。參帖四14。

9 黃伯和：《孕育於文化的神學——福音與文化導論》（臺南：人光出版社，1987），頁46。

10 有關黃伯和的文化神學的問題，筆者希望在日後有專書論述。這裏無法詳說。有趣的是，葉仁昌在同一書的另一篇文章裏，正駁斥黃伯和等人的神學思想，缺乏了基督信仰的超越性與教會的主體性。就這一點葉氏的評論是非常允當的。但問題是，要是從上帝的角度看，人類歷史的未來尚是完全敞開，上帝的創造與啓示尚未竟功的話，則人說如何在歷史的進程裏區別出上帝的作爲及人類的作爲，如何避免將人類那怕是再正義的訴求及運動神聖化（要是上帝爲一半的創造者，則這些訴求與運動自當是神聖的），便是有待克服但又無法擺平的困難。葉氏的觀點參「政治神學中的詮釋危機」，收《邁向臺灣神學的建構》，頁147～148。

11 有一篇文章正好既批判進程神學，又爲傳統的上帝預知論辯護的：W. L. Craig, "Divine Foreknowledge and Future Contingency", in R. H. Nash, ed., *Process Theology* (Grand Rapids: Baker, 1989). pp.91～115. 作者說得好，上帝的預知並不必然導引出命定主義(fatalism)，這正是筆者一貫的

立場。此外，另參 R. G. Gruenler, *The Inexhaustible God: Biblical Faith and the Challenge of Process Theism* (Grand Rapids: Baker, 1983).

12 有關上帝的可言說性，包括阿奎那 (Thomas Aquinas) 及維根斯坦 (Wittgenstein) 的主張，參雲格爾 (E. Jüngel) 的詳細討論，見氏著：*God as the Mystery of the World* (Grand Rapids: Eerdmans, 1983), ch.4.

13 根據創世記三章的記述，我們沒有證據主張人在犯罪墮落前是可以毫無障礙、隨時隨地與上帝溝通的。犯罪前的人類仍是受造物，仍然與上帝有知識上的懸殊差距，只是在人不甘爲受造物、妄圖有像上帝般的知識後，人才犯罪墮落（三5）。參潘霍華的評論，見 *Creation and Fall* (New York: Collier Books, 1959), pp.70 ~ 71.

14 這也是特雷西 (Thomas F. Tracy) 的看法，見 *God, Action, and Embodiment* (Grand Rapids: Eerdmans, 1984), p.62.

15 D. Bonhoeffer, *Christ the Center* (San Francisco: Harper & Row, 1978), p. 27.

16 G. C. Berkouwer, *The Providence of God*, p.163. 在當時期德國有不少神學家確是認定上帝的計劃已貫注在德國的歷史之内的，參 R. P. Ericksen,

Theologians under Hitler (New Haven: Yale University Press, 1985), p. 103.

17 參 C. Cherry, ed., *God's New Israel : Religious Interpretations of American Destiny* (Englewood Cliffs, New Jersey: Prentice-Hall, 1971); B. Stanley, *The Bible and the Flag: Protestant Missions & British Imperialism in the Nineteenth & Twentieth Centuries* (Leicester: Apollos, 1990). 至於中國的三自神學，可供參考的資料太多，茲列舉一例，早立：「三自的神學路線」（上）、（下），《中國與教會》五卷三至四期，1986年4、5月，6、7月號。

18 縱然不少西方的基督徒站在資本主義的立場上，視阿拉伯國家或社會主義國家爲邪惡勢力，但這明顯地是帶有政治偏見的看法，並且也抵觸保羅在羅十三1～4的教訓。

19 參 G. S. Smith, *God and Politics: Four Views on the Reformation of Civil Government* (Phillipsburg, New Jersey: Presbyterian and Reformed Pub. Co., 1989). 本書對「神治論」(Theonomy)、「基督教的美國」(Christian America) 等理論，有頗簡括的介紹及評論。

20 例如路加福音十三章1至5節，耶穌便否定西羅亞樓倒塌這樁不尋常的事件，爲上帝刑罰罪孽深重的西羅亞人的結果。而在約翰福音九章1至3節，耶穌也拒絕將一個瞎眼的人的身體缺陷，解釋爲上帝刑罰其本人或父母的犯罪。雖然在聖經裏顯示，災禍或疾病可以是與人的犯罪而遭遇上帝的直接刑罰相關（如約五14），但要非耶穌親自啓示，指明某個災難的肇因，災難仍然是一個奧祕，難以確定其是否上帝主動的作爲。

21 筆者對於那些將八九民運等同於上帝在歷史中的工作，以至視愛國學生的犧牲「可能比在各各他的犧牲來得更偉大」的說法，雖然對其背後的感情深切共鳴，卻仍然無法認同其結論。前者見李熾昌：「對中國民運的聖經反省」，收黃碧雲編：《國難、民運、信仰反思》（香港：香港基督徒學會，1990），頁16；後者見何榮漢：「從『六四』事件到基督論的再思」，《思》第三期（1989年8、9月），頁13。至於如胡露茜等之將民主化等同爲上帝的拯救，就不用在這裏作無謂的回應了。胡氏文章：「對中國民運的神學反省」，收《國難、民運、信仰反思》，頁21～27。

22 G. C. Berkouwer, *The Providence of God*, 第六章："Providence and History" 是一篇極有深度，反省亦全面的論述。至於有關上帝作爲的歷史神學的介紹，可參 B. W. Farley, *The Providence of God* (Grand Rapids: Baker, 1988).

23 這正是筆者在《憑誰意行？》說憑理性與喜好作抉擇的含義。上帝無疑可以任意作祂喜悅的事，譬如要求人違反其性格與特長，做一些超逾他的興趣與能力的任務，甚或娉娶其本人厭惡的異性爲配偶，但這總不會是常規，而只是極罕有的例外事件。並且上帝真要這樣做，也必然會藉著某些超乎尋常的介入與啓示，來催使人遵從其旨意，毋須人隨時隨地的預備。

24 Berkouwer, *The Providence of God*, pp. 175 ~ 177.

附錄

對苦罪問題的不同解釋

蘭姆 (Bernard Ramm) 在他的《帶來改變的上帝》*(The God who Makes a Difference: A Christian Appeal to Reason* [Waco, Texas: Word Books, 1972]) 裏，曾系統化地整理了歷代不同的人對苦罪問題的解釋，值得撮要下來，供讀者參考。

他將這些解釋，綜合爲七大類，每類又可細分爲不同的詮釋版本（參該書頁 119～135）。

第一類認爲，**罪惡是形而上的缺欠**：這是新柏拉圖主義 (Neoplatonism) 的觀點，經普羅提諾 (Plotinus) 影響奧古斯丁及僞狄尼修 (Pseudo-Dionysius)。他們認爲，罪不是眞實的存有 (being)，卻是非存有 (non-being)，也就是失去了某些存有 (lack of being，例如失去了「善」)，故上帝沒有製造罪惡。

第二類**將罪看爲工具性 (instrumental) 的**：這是最普遍的主張，可再細分成七個版本：

（一）美學版 (aesthetic version)：正如一幅圖畫必要有光有暗，沒有黑暗便襯托不出光明，故上帝必要爲人生布置苦與樂、悲與喜。

（二）二元版 (dualistic version)：視世界存在善惡的二元勢力，苦罪乃由撒但製造出來，但上帝作爲善的力量，最終必克勝罪惡。

（三）定義理論 (definition theory)：人若不了解惡，便無法體會善的含義，故上帝容讓人在苦罪中打滾，好教他最終迷途知返。

（四）掙扎理論 (struggle theory)：若不經考驗，便無法磨練出人的性格，上帝在人間布置劫難，端在於鍛煉人的信心與勇氣。

（五）加爾文的理論 (Calvin's theory)：上帝創造一切，旨在彰顯祂的榮耀，故世界存在的苦難，同樣是工具性的，目的在顯露上帝對人的慈愛憐憫，及正義至終得勝的事實，好教上帝的榮耀更清楚地彰顯出來。

（六）萊布尼茲的理論 (Leibniz's theory)：上帝如一精確的數學家，計算如何教祂的創造引來最大的善 (maximum good)，祂必要接納共生的現實 (compossibility)，就是在創造善的時候會帶來若干惡的副作用，但在計算下，此少許的惡仍是可容忍的，特別是與更大的善相較，便微不足道了。換言之，這是個最大可能的善的世界。

（七）鍛煉靈魂論 (soul-making)：世界的苦難端在鍛煉人的靈魂，反正塵世只是短暫的一瞬，故意義根本不在此世，人的靈魂在此世的劫難，目的在預備來生的快樂。

第三類認爲，**苦罪與自由並存**：這理論由腓爾本 (A. M. Fairbairn) 提出。他指出上帝若給人自由，就必須包含可以背叛祂、違抗祂的旨意的自由。換言之，人可以做與上帝的善的旨意相反的東西，那便是罪惡了。

第四類認爲**罪惡是一個事實 (givenness)，故毋須尋求神學的解釋**。基督徒面對著一個有罪惡存在的世界，與其刻意爲其尋求解釋，不若接納向罪惡挑戰，爲克戰罪惡而奮鬬才是他的使命。這也是筆者的立場。

第五類主張**藉基督紓緩苦罪 (Christologically Alleviated)**：持此說的人特別强調基督在十字架上的受苦所彰顯出對人的愛與對罪的厭棄，這是上帝對苦罪問題的惟一答案。這不是說十字架充分解釋了苦罪的來源，卻是教人在苦難中仍維持著對上帝不墮的信心。苦罪是非理性的，不能給予任何理性的解釋。

第六類强調**上帝得勝的宣告**：聖經並無解釋全善的上帝如何與罪惡並存，卻只聲言上帝是至終的得勝者。人不是藉對世間事物的觀察來得出「善有善報，惡有惡報」及「邪不能勝正」的結論，卻是藉著上帝的啓示來向罪惡的世界發出得勝的讚美。

第七類則**重申末世的信息**：聖經並無對人生苦罪的處理，故活在此生此世的我們，不能妄想可以解決苦罪的問題，對苦罪問題的至終解決，只能在末日到臨之後。基督徒的正確態度故此是：懷抱盼望，相信上帝至終會給予一個教人滿意的答案。

梁家麟作者簡介

梁家麟，香港出生，成長。八〇年代畢業於香港中文大學歷史系，分別獲文學士、哲學碩士，及哲學博士學位。後赴加拿大維真神學院攻讀神學，獲基督教研究文憑及道學碩士學位。畢業後曾任《突破雜誌》執行編輯，現任香港建道神學院院長。

其著作有《憑誰意行？》、《另一種信仰？》、《無言上帝的僕人》、《凡人的祈禱》、《憤怒的一代》、《信仰答客問》(與許立中、吳思源合著)、《信主之後》、《吳耀宗三論》、《走過從前》、《華人宣道會百年史》、《改革開放以來的中國農村教會》、《建道神學院百年史》、《華人傳道與奮興佈道家》、《神學研究指南》、《福音與麵包》、《我與誰親咀》、《與你何干？》、《少數派與少數主義》、《五十年代三自運動的研究》、《基督教會史略》、《他們是為了信仰》、《化裝的基督》、《信訂一生》、《追求成長》、《信仰不是講感覺》、《人間信仰》、《倪柝聲的榮辱升黜》等。

信念再思叢書

慎思明辨，探求真相。

梁家麟書系

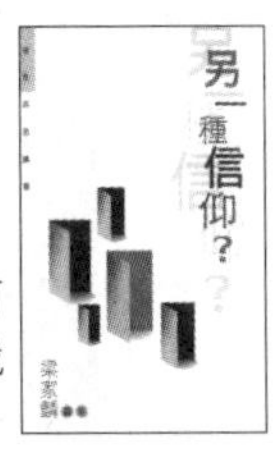

另一種信仰？

梁家麟 著／HK$48

信仰本來便是一場冒險和掙扎，沒有任何必然性可以成為我們穩妥的把握。面對「危險」的信仰，讓我們看見自己的虛偽和驕傲。

憑誰意行？

梁家麟 著／HK$48

神真願當木偶師？祂造人的心意只是希望多一大堆木偶來把玩扯弄？人必須正視和反思自己的責任和角色。

無言上帝的僕人

梁家麟 著／HK$53

我們似乎揣摩不到上帝的作為，面對沉默不語上帝，我們仍需承擔歷史責任、尋索上帝在生命裏的個別作為，面對挑戰。

凡人的祈禱

梁家麟 著／HK$53

基督徒是否真能藉祈禱與上帝契合？怎樣的祈禱才是有效而合法的呢？作者站穩在改革宗的立場分享「凡人」見解。

我們沒有敵人——暴力世界中的復和使者

Living Without Enemies:
Being Present in the Midst of Violence

塞繆斯．韋爾斯 (Samuel Wells)、
瑪西婭．歐文 (Marcia A. Owen) 合著
陳永財 譯／HK$78

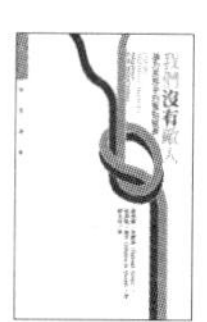

雞毛蒜皮的信仰（二版）

許立中 著／HK$68

聖經，一本怎樣的書

The Bible and Contemporary Culture

戴歌德 (Gerd Theissen) 著／譚偉光 譯／HK$98

暴力世界中的溫柔

Living Gently in a Violent World:
The Prophetic Witness of Weakness

侯活士 (Stanley Hauerwas)、范尼雲 (Jean Vanier) 合著
陳永財 譯／HK$53

權力與激情

Power and Passion:
Six Characters in Search of Resurrection

塞繆斯．韋爾斯 (Samuel Wells) 著
陳永財 譯／HK$73

為這星期五感謝神——於現今世代再思十架七言

Thank God It's Friday:
Encountering the Seven Last Words from the Cross

韋利蒙 (William H. Willimon) 著／李金好 譯／HK$63

讀者意見表

緊扣時代 服事教會

以文字傳揚基督真道

衷心多謝你購買本社書籍。本社一直致力以出版事工服事教會，幫助信徒扎根於神的話語，促進靈命增長。為使我們的出版更能滿足你的需要，請填寫下列各項資料，並寄回或傳真予本社。

所購書籍：______________________

本書最吸引你的地方：
□作者　□適切性　□文筆　□設計　□實用性
□其他：______________________

購買本書地點：
□基道書樓　□基督教書店　□非基督教書店

性別：□男　□女　職業：______________

信仰：□基督徒　□非基督徒

年齡：□ 16 歲或以下　□ 17～25 歲　□ 26～35 歲
□ 36～55 歲　□ 56 歲或以上

學歷：□中三或以下　□中五　□預科
□大學　□研究院

□我欲更多了解基道出版社的事工及考慮支持，請寄給我下列資料：
□機構簡介　□新書資料　□基道會員通訊
□《基道文字事工通訊》

姓名：______________ 電話：______________

地址：______________________

____

傳真：______________ 電子郵件：______________

其他意見：______________________

____

多謝賜教！

意見表可以傳真（2687-0281）或直接郵寄以下地址：
香港沙田火炭坳背灣街26號富騰工業中心1011室
基道出版社編輯部收